DISIDENTES DE CUBA

Carles Llorens

Clàudia Pujol

DISIDENTES DE CUBA

Las voces que Castro no ha podido silenciar

Prefacio de Václav Havel

dèria
EDITORS

Diseño y maquetación: Batet-Julià

Primera edición: junio de 2008

Título original catalán: Dissidents. Les veus que Castro no ha pogut silenciar

© de esta edición:
Dèria Editors, SL
Gran Via de les Corts Catalanes, 670, 5º, p. 505
08010 Barcelona
www.deriaeditors.cat

ISBN: 978-84-95400-45-1
Depósito Legal: B-25.684-2008
Impresión: Romanyà/Valls
Verdaguer, 1. Capellades (Barcelona)

Este libro ha sido posible gracias a la ayuda de muchos amigos. Todo nuestro agradecimiento a Xavier Cambra, Núria Valls, Guillem Gisbert, Isabel Obiols, Otto Guevara, Carlos Payá, Francisco de Armas, Omar López Montenegro, Blanca Reyes, Elena Larrinaga, Juan Carlos Acosta, Miriam Leiva, Tomás Bilbao, Jaume Martín Puyol, Carlos González, Kristina Prunerová, Xavier Utzet, Carolina Herrera, y, especialmente, al ex presidente Václav Havel.

CARLES LLORENS Y CLÀUDIA PUJOL

ÍNDICE

PREFACIO

YO TAMBIÉN FUI DISIDENTE

El libro de Carles Llorens y Clàudia Pujol nos ofrece el testimonio de trece destacados disidentes cubanos. Se trata de personas que luchan por la libertad de Cuba, tanto en el interior de la isla como fuera de ella. Yo también fui un disidente como ellos hace menos de veinte años, y mi historia es parecida a éstas que están a punto de leer. Son relatos humanos que reflejan voluntad, coraje y paciencia. Espero que estos relatos ayuden a entender lo destructivo de un régimen totalitario para una sociedad. Tengo la esperanza de que esta publicación será un aporte sobre todo en países de habla hispana, donde en nombre de la Revolución se justifican muchas cosas.

VÁCLAV HAVEL
Ex presidente de la República Checa
Praga, mayo de 2008

PRÓLOGO

DAR VOZ A LOS SIN VOZ

«Todos esos llamados disidentes son una realidad virtual, no existen», afirmaba el Comandante en el libro *Fidel Castro, biografía a dos voces* de Ignacio Ramonet.[1] Contradecir las palabras de quien ha gobernado Cuba durante casi cincuenta años, demostrar que el movimiento opositor democrático tiene un peso considerable, podría ser motivo suficiente para escribir un libro.

Este libro no se ha escrito, sin embargo, para rebatir a Fidel Castro. Este libro lo hemos escrito para «dar voz a los sin voz», una expresión del ex presidente Václav Havel que surgió como un eslogan en la Europa del Este que estaba bajo el comunismo, y que sigue siendo muy idónea para una Cuba que ya no tiene a Fidel como presidente, pero que continua sufriendo su régimen. Y es que en Cuba, como en ninguna otra parte, se reproducen las condiciones de la novela *1984* de George Orwell: el discurso del régimen castrista se escucha permanentemente y no hay espacio para otras voces.

[1] Ignacio Ramonet. *Fidel Castro, biografía a dos voces*. Editorial Debate. Madrid, 2006.

Con Raúl Castro, los cubanos podrán disponer de teléfonos móviles y hospedarse en hoteles turísticos, que antes estaban reservados exclusivamente para los extranjeros. A pesar de dichas reformas, las condiciones de falta de libertad y de democracia no han cambiado lo más mínimo y, por tanto, continua siendo necesario, «dar voz a los sin voz».

Durante cincuenta años, los cubanos han estado escuchando permanentemente la voz del Gran Hermano Fidel. El suyo era un discurso que, con su típica cadencia, grandilocuente y guerrera, resonaba por toda la isla, como un eco. Era un discurso siempre anticapitalista, siempre antiimperialista, inalterable durante casi cinco décadas. Era un discurso que se atrevía con todos los temas, que lo interpretaba todo, que no dejaba espacio a ninguna alternativa. Era un discurso que decía: «*Vamos bien*». Y el «*vamos bien*» *se oía* por todos los rincones, sin importar que todas las evidencias demostrasen lo contrario, sin importar, incluso, que las propias cifras oficiales lo desmintieran.

Si en aquel escenario orweliano era necesario hacer emerger las voces escondidas, la de los hombres y mujeres que no veían la realidad desde el prisma del Partido Comunista, hoy es más necesario aún. Y es que, en estos momentos de incertidumbre, estas voces tienen muchas cosas por decir. Así, hemos querido mostrar a aquellos que no necesitan repetir la versión conocida de la televisión, de los diarios *Granma* o *Juventud Rebelde*, periódicos de los que la población cubana aprecia más las utilidades higiénicas, que las cualidades informativas. Hemos querido escuchar a aquellos que no nos repetirán los «logros de la Revolución», ni de las gestas de la Sierra Maestra, ni nos citarán al Che.

Hemos querido darles un altavoz para que puedan encontrar su espacio en este mundo cubano tan saturado, todavía, de propaganda y tan carente de información. El altavoz no sólo es necesario en el interior de la isla. Estas voces disidentes también deben ser audibles en el exterior. Durante cincuenta años, en el mundo democrático, particularmente en el español, europeo y latinoamericano, Fidel siempre ha tenido tribunas de privilegio para dar su singular visión de los hechos. Siempre ha encontrado un Oliver Stone[2] que le ha hecho una película o un Ignacio Ramonet que le ha escrito unas pseudomemorias. Mientras, las voces críticas han tropezado con grandes dificultades para hacerse escuchar y ni un gesto heroico como el de Oswaldo Payá, ha encontrado relator. Con la designación continuista del poder, el escenario ha cambiado poco, y los artículos de Fidel en el *Granma* continúan determinando mucho el estado de opinión. Existen unas cuantas razones por las que Cuba, a pesar de no tener a Fidel, sigue siendo la misma.

Una primera es que la propaganda castrista ha operado, y sigue operando, con mucha eficiencia tanto en el interior como en el exterior de la isla. Es capaz de mantener vivo el mito de una Revolución que hace años que agoniza y que, de hecho, no es más que el producto terminal de la Guerra Fría. Asimismo, tiene capacidad, también, para demonizar de tal manera a sus adversarios, tildándolos de contrarrevolucionarios o de terroristas, que consigue que la gente no quiera ni acercárseles.

---

[2] El director de cine norteamericano ha realizado dos documentales sobre Castro: *Comandante* (2003) y *Looking for Fidel* (2004). Se ha declarado amigo y admirador del líder cubano.

Hay, no obstante, una segunda razón por la cual la versión del régimen sigue llegando tan nítida a Europa y América, y la de sus opositores tan disminuida. Para la opinión pública europea, la izquierda tiene una gran influencia y la Revolución cubana es considerada –todavía– el sueño romántico del que no se quiere despertar. Así, no es extraño ver que aún se habla de Cuba como el «faro del Tercer Mundo», y de La Habana como la capital de la antiglobalización.

En estas condiciones, las vergüenzas del régimen siempre quedan disimuladas. Nunca trascienden del todo unas violaciones de los derechos humanos que, si las hubiese cometido Pinochet, habrían provocado una campaña escandalosa y desenfrenada. Nadie escucha los relatos dantescos que los presos políticos explican de las prisiones cubanas. Tampoco son condenados los actos de repudio contra los disidentes, un pasatiempo nacional de Cuba, digno del ku-klux-klan o del peor fascismo.

De igual manera, nuestra opinión pública nunca ha acabado de tener completa noticia de que en el año 2002, un importante movimiento popular puso sobre la mesa el Proyecto Varela, un auténtico desafío al régimen. Y hay, en definitiva, poca conciencia de la represión que se desencadenó en marzo de 2003, la Primavera Negra, que terminó con el encarcelamiento de setenta y cinco disidentes. No se conoce que las esposas, madres e hijas de los presos constituyen las Damas de Blanco, unas mujeres que merecen ser tan conocidas como las argentinas Madres de la Plaza de Mayo.

Si hemos escrito este libro es para llenar este vacío. Queremos poner al alcance de la opinión pública de habla española una información que hace falta dar a conocer. Cuba nos es demasiado cercana como para permitirnos el lujo de que la propaganda que llega desde la isla, o la complicidad ideológica de algunos, consigan ocultarnos los hechos.

Éste no pretende ser un libro de tesis. Los autores no tenemos voluntad de opinar. Éste es un libro dedicado a diferentes personalidades de la oposición democrática y pacífica. Queremos describir el personaje, su ambiente, su entorno. A partir de aquí, dejamos que hable. Es él, ella, quien sostiene la tesis. El libro es, por tanto, un espacio abierto para que los disidentes se expresen.

Son trece los protagonistas. Nos han parecido los más representativos de la oposición al castrismo. No hemos buscado, tampoco hemos eludido, este número de mal presagio. Son los que son. Escogerlos no ha sido fácil. Hemos tenido una primera limitación: algunos de los susceptibles de formar parte de la lista estaban en prisión. Más allá de esta realidad, hemos elegido aquellos opositores que aglutinan, que lideran una parte de la disidencia o aquellos que, por su personalidad emblemática, son un referente.

Hubiéramos querido explicar la historia de muchos otros. Hoy, en Cuba, *disentir* no es solamente un acto político. *Disentir* es un acto heroico que merece ser explicado. Habríamos querido, pues, contar la historia de tantos hombres y mujeres que han superado su miedo para enfrentarse al totalitarismo. Algún día aparecerá un Aleksandr Solzhenitsyn[3] que las recopile todas. De momento, tenemos trece versiones de una disidencia duramente cas-

---

[3] En *Archipiélago Gulag* contó las condiciones presidiarias de los disidentes soviéticos en Siberia.

tigada, a menudo dividida, pero siempre indomable. Son historias que contienen una épica que difícilmente podríamos encontrar en una democracia consolidada, porque es la épica que solamente existe en la lucha por la libertad.

La oposición a Castro se inicia, seguramente, en enero de 1959 al entrar con sus tropas en La Habana. El libro no quiere mirar hacia ese pasado, aunque utilice convenientemente el retrovisor. El núcleo de nuestro interés se sitúa en los últimos años. A partir de 1995, paulatinamente, conviviendo con el asedio y la represión, la oposición va creciendo. La sociedad civil se organiza. Se establecen estructuras al margen del mundo oficial. Los proyectos políticos adquieren madurez. Así, cuando llega el siglo XXI, la disidencia tiene más fuerza que nunca. Se aprovechan todos los espacios. Hay capacidad para plantar cara al régimen. Se habla de la Primavera de Cuba. Nuestro libro es, en buena medida, la narración de ese proceso de crecimiento y de todas las dinámicas que desencadena, tanto dentro, como fuera de Cuba.

El momento culminante de esta Primavera de libertad llega el 10 de mayo de 2002. Ese día, el movimiento opositor se atreve a presentar más de 11.000 firmas de soporte al Proyecto Varela en la Asamblea Nacional Cubana. El Proyecto exige un referéndum donde se pregunte al pueblo si quiere mantenerse bajo el actual régimen o quiere la democracia. Detrás del Proyecto no está toda la oposición, pero sí una amplia mayoría de ella.

Este hito no queda en un cajón. Oswaldo Payá, como principal promotor del Proyecto Varela, recibe el Premio Sajarov 2002 del Parlamento Europeo. El ex presidente norteamericano Jimmy Carter, durante una visita a La Habana, se refiere al Proyecto delante de un auditorio, en que se encuentra el propio Fidel Castro. El régimen, por primera vez, es puesto en duda desde dentro de la sociedad cubana, y se revuelca herido arremetiendo furioso contra los que se le oponen. En primera instancia promueve un documento donde se declara que el socialismo cubano es «irrevocable». Lo acabarán presentando también a la Asamblea Nacional, «avalado» por más de ocho millones de personas.

Luego llega la oleada represiva, desmesuradamente severa, de marzo de 2003. Setenta y cinco disidentes –aquellos que según Castro, *son virtuales y no existen*– son enviados a prisión y condenados, en muchos casos, a más de veinte años de cárcel. Se trata de periodistas, bibliotecarios, defensores de los derechos humanos, promotores del Proyecto Varela. Se les acusa de unos delitos que constituyen derechos fundamentales en cualquier país libre y, a pesar de que sólo se les incautan libros, revistas, documentos, ordenadores y grabadoras, se les considera cómplices del enemigo imperialista.

Este momento tiene también un gran peso en el libro. No es en vano que tres de sus protagonistas –Raúl Rivero, Oscar Espinosa y Martha Beatriz Roque– están entre los detenidos de la Primavera Negra. También merece atención la reacción internacional en contra de esta oleada represiva y todas sus consecuencias.

Más allá de todos estos episodios constatamos que, con la Primavera Negra, la lógica del proceso se para. Se abre un período de estancamiento, en el que las fuerzas democráticas parecen regresar a los cuarteles de invierno, a velar las armas a la espera de tiempos mejores. Ciertamente, el 20 de mayo de 2005 Martha Beatriz Roque y su Asamblea para Promover la Sociedad Civil desafían a las autoridades convocando una asamblea opositora en que, parlamentarios de todo el mundo, están invitados a participar. También Oswaldo Payá, con la perseverancia que lo caracteriza, defiende el diálogo nacional. Más allá de esto, todo el mundo aplaza su esfuerzo para el día después.

Publicamos *Disidentes de Cuba* con Raúl investido ya como presidente, y en un momento en que se vislumbra que el fin del castrismo no está lejos. Para realizar las entrevistas estuvimos en Cuba, también visitamos Miami y Estocolmo, donde hablamos con Alexis Gainza, y en Madrid, nos vimos con Carlos Alberto Montaner y Raúl Rivero. El momento, indudablemente, ha determinado el contenido del libro, esto quiere decir, entre otras cosas, que hemos inducido a nuestros personajes a especular sobre el futuro.

Hemos querido hablar con gente de todas las sensibilidades: gente del interior y del exilio, con el Miami más intransigente y el más moderado, con liberales, democristianos y socialdemócratas. No nos hemos dejado impresionar por la propaganda, ni por el proceso de criminalización. Nos hemos visto con gente acusada de pertenecer a la CIA y de ser contrarrevolucionaria. No nos arrepentimos. Detrás de las acusaciones, hemos encontrado gente que tiene mucho que decir.

Este exilio, plural, diverso, ciertamente ha cometido muchos errores. Son errores que Castro ha sabido aprovechar bien. Son errores que, indudablemente, han hecho vulnerable a toda la oposición y, muy posiblemente, han demorado el cambio en Cuba. A pesar de todo, el exilio forma parte inseparable de este conflicto y se tiene que contar con él. Y es que la transición hacia la democracia incluye, inevitablemente, también la reconciliación entre el interior y el exilio. Los hemos escuchado y, así, hemos podido recoger el testimonio de un moderado como Carlos Saladrigas que con estupefacción nos constataba: «*La propaganda ha conseguido que Castro fuese el bueno y los miles de personas que nos vimos obligados a abandonar nuestras casas, los malos.*»

Todos los entrevistados tienen el deseo de ver a Cuba como un país libre. Es un deseo que se contamina, que se esparce, que nos ha ganado a nosotros como autores, y creemos que también te ganará a ti como lector. Mejor será, sin embargo, que leas tú mismo estos relatos, y nos digas si puede perdurar –todavía– el mito de la Revolución.

Carles Llorens y Clàudia Pujol
Barcelona, mayo de 2008

Carlos Alberto Montaner

El decano de la disidencia

«*Flaca, tenemos visita*», comunica, con un marcado acento habanero, Carlos Alberto Montaner a su esposa Gina Linda, justo después de abrirnos la puerta de su apartamento madrileño. Es sorprendente escuchar una fonética cubana tan perfecta en un exiliado que hace cuarenta y cinco años que no pone los pies en su país. Pero, teniendo en cuenta la biografía del decano de la disidencia, nada debería sorprendernos.

Cuando en los años sesenta todos los disidentes estaban en la cárcel, la voz de Montaner, nacido en La Habana el año 1943, se hizo escuchar. Desde entonces, nunca se le ha dejado de oír. Sus libros, sobre Cuba y sobre América Latina, lo han convertido en un prestigioso intelectual. Sus artículos son publicados en la prensa de todo aquel continente. Y, políticamente, desde la Unión Liberal Cubana, que preside, continúa empeñado en construir una alternativa política al castrismo.

En la mesa de la sala de estar donde conversamos con Carlos Alberto Montaner y Gina Linda hay una fotografía que permite sumergirnos en el pasado, para ir tirando de los hilos de la complicada historia de este hombre, que las autoridades cubanas siempre han acusado de formar parte de la CIA. Es una foto del día en que se casaron. La novia tenía un aspecto aristocrático, y él parecía un jugador de la NBA enfundado dentro de un *smoking*. «*Entonces teníamos dieciséis años, aunque aparentábamos muchos más*», nos comenta la Flaca. Se habían conocido, poco tiempo antes, en un club social de La Habana donde acababa de estallar un artefacto que colocaron unos insurgentes contrarios a Fulgencio Batista.[4] «*Después del pánico de la detonación* –explica Montaner– *lo primero que vi fue una muchachita de mi edad llorando desesperadamente junto a sus hermanos pequeños. Intenté ayudarla y, desde entonces, ya no nos hemos separado nunca más.*» Fueron, eso sí, unos primeros años de matrimonio muy convulsos.

Para Montaner, Fidel Castro no era una persona desconocida cuando se hizo con el poder en el año 1959. Su padre había sido amigo de Fidel y, con relativa frecuencia, el *precomandante*, junto a su primera esposa, Mirta, y su hijo Fidelito Castro Díaz-Balart, los visitaba en la calle Tejadillo, donde vivían. «*Cuando comenzó la Revolución, yo tenía quince años y simpatizaba con ella. Pensaba que llegaba la libertad y la democracia. No sé exactamente cuanto tiempo pasó antes de desencantarme, pero, en cualquier caso, fue menos de un año.*»

Las primeras acciones que no le gustaron a Montaner fueron los juicios revolucionarios, donde siempre había

---

[4] Fulgencio Batista. Militar y político. En 1940 fue elegido democráticamente presidente de Cuba. En el año 1952 regresó al poder dando un golpe de estado. Su dictadura supuso una férrea represión contra todo tipo de movimiento opositor. Fue derrocado por la Revolución el 1 de enero de 1959. Se exilió en España, donde murió en 1973.

manifestaciones de gente pidiendo «paredón». *«Acudí al juicio contra el director del instituto donde yo estudiaba. Y me pareció grotesco que condenasen a aquel hombre a unos cuantos años de prisión por el simple hecho de ser batistiano.»*

Cuando Montaner llegó a la conclusión de que el país se orientaba irreversiblemente hacia el comunismo, decidió oponerse radicalmente a la Revolución. Y se opuso de la manera que podía hacerlo un joven de dieciséis años: incorporándose a un grupo estudiantil denominado Rescate Revolucionario; un grupo que apoyaba la revuelta campesina anticastrista del Escambray.[5] *«Una de nuestras misiones era enviarles armas. Pero me detuvieron y condenaron a veinte años de prisión antes de que pudiese hacer nada.»*

Como en el momento de la detención Carlos Alberto Montaner no tenía la mayoría de edad, lo enviaron a una prisión de menores. Prácticamente todos los que se encontraban en aquella cárcel eran jóvenes campesinos del Escambray. Los menores tenían once años y los mayores diecisiete, y se daba la circunstancia de que la mayoría de ellos también había luchado contra Batista. Desde que puso los pies en aquel centro penitenciario, Montaner estaba decidido a fugarse. *«No porque fuese un héroe, sino*

---

[5] Revuelta del Escambray. A mediados de 1959 campesinos que habían luchado contra Batista vuelven a las montañas de la sierra del Escambray, provincia de Las Villas, descontentos por el rumbo que toma la Revolución y, especialmente, por las expropiaciones de propiedades. Las filas rebeldes irán creciendo a medida que se producen deportaciones y detenciones masivas. En 1963 la guerrilla del Escambray llega a tener 3.000 hombres. Un año después, desaparece completamente. En su mayoría, los hombres del Escambray, son fusilados inmediatamente después de ser capturados.

más bien por cobardía. Tenía un miedo terrible a que me fusilasen», explica.

En el primer intento frustrado de escapar sacó una baldosa de la pared con la ayuda de un abridor de latas. En el segundo, que tampoco resultó, se disfrazó de abogado e intentó salir camuflado entre los familiares de los presos. Y en el tercero –que fue el definitivo–, cortó un barrote de la celda, como suele suceder en los tebeos. *«Soborné uno de aquellos delincuentes reconvertido en guardia que, a cambio de un peso, me vendió una hoja de sierra. Me escapé con un ex guerrillero, de quien estaba seguro que no era un infiltrado del gobierno. El campesino que había ingresado en prisión con una herida de bala en la mano, infectada y llena de gusanos que se la comían, era de fiar. ¡Ningún funcionario del gobierno se hubiese dejado comer la mano por los gusanos!»*

Ambos sabían que si lograban traspasar el perímetro penitenciario, un coche los estaría esperando. *«Corrimos como unos endemoniados intentando no oír los tiros de la policía que nos perseguía y los perros que ladraban.»* Si no se hubiese fugado, el destino de Montaner probablemente habría sido el mismo de muchos de sus compatriotas: pudrirse en prisión.

La primera parada en libertad fue en casa de un tío y la segunda, la embajada de Honduras. Su madre y su suegra se encargaron de hacer todas las gestiones para que le pudiesen dar asilo. *«Todavía recuerdo la cara del embajador cuando vio que el hombre alto y fornido que tenía delante suyo era el niño para quien mi madre y mi suegra habían implorado amparo.»*

En la embajada, Carlos Alberto Montaner vivió con gran intensidad el intento de invasión de la bahía de Cochinos.[6] El 20 de abril de 1961, Montaner y los otros trece asilados que se encontraban dentro de la embajada hondureña pudieron escuchar por radio el desarrollo del conflicto y estuvieron tentados de querer participar. Estaban convencidos de la victoria de los Estados Unidos. También temían que la embajada se convirtiese en una ratonera. Afortunadamente, un viejo trotskista, que era la persona más informada políticamente de los que estaban allí, se lo desaconsejó. «*Nos dijo que, por la señales que veía, todo hacía pensar que la operación norteamericana sería un fracaso. Esta advertencia nos salvó la vida.*»

En las horas sucesivas comenzaron a llegar más personas a la embajada, desde uno de los invasores de la bahía de Cochinos que había conseguido vencer todos los círculos, hasta los equipos de infiltración que habían precedido el desembarco. De las catorce personas que eran previamente pasaron a ser varios centenares. «*En los siete u ocho meses que siguieron a la invasión frustrada, hasta que nos otorgaron los salvoconductos, convivimos allí toda clase de personas.*»

[6] Bahía de Cochinos. Este intento de invasión a Cuba se conoce también como Invasión de Playa Girón. Bajo el mandato del presidente norteamericano Eisenhower, elementos anticastristas constituyeron la Brigada 2506, acogida y entrenada por el ejército de los Estados Unidos. La operación de invasión comenzó, ya con John F. Kennedy en la presidencia, el 15 de abril de 1961, con el bombardeo de objetivos militares cubanos. El 17 de abril, 1.200 hombres de la Brigada 2506 desembarcaron en tierra cubana. Después de duros combates y de la negativa de Kennedy de implicar más su aviación para proteger a los expedicionarios, la operación fracasó. Unos cien miembros de la Brigada y ciento cincuenta del ejército revolucionario cubano murieron. Unos mil cien hombres de las tropas invasoras fueron capturados. La victoria de Castro lo consolidó en el gobierno.

Montaner llegó a Miami al mismo tiempo que otros disidentes que tendrían un papel clave en el exilio como Jorge Mas Canosa o Pedro Roig. Y, como ellos, tuvo que ganarse la vida realizando los trabajos más inverosímiles: haciendo de camarero en el Playboy de Miami o vendiendo enciclopedias a los cubanos que iban llegando. Cierta habilidad debía tener para convencer de adquirir treinta volúmenes de una enciclopedia británica a personas que no sabían inglés, y cuyas últimas necesidades debían ser el tener en casa una obra de semejante magnitud.

Unas semanas antes de la crisis de los mísiles de octubre de 1962,[7] y como líder del grupo juvenil Rescate Revolucionario en el exilio, le comunicaron que habría un reclutamiento de personas para un inminente desembarco en Cuba. Entonces fue enviado con varios centenares de jóvenes más a Kentucky, a la espera de órdenes. *«Fue un momento de gran esperanza, porque estábamos convencidos de que aquella nueva invasión, a diferencia de la de la bahía de Cochinos, triunfaría, y que la liberación de Cuba sería cuestión de días. Pero volvíamos a estar equivocados.»*

En el momento del pacto Kennedy-Krushev,[8] la sensación de los soldados que se encontraban en Kentucky era que los habían traicionado. La película completa se sabría

---

[7] Crisis de los mísiles. En octubre de 1962, Estados Unidos descubre que la Unión Soviética está construyendo las bases de 40 mísiles nucleares en Cuba. Cuando los Estados Unidos intercepta el transporte de material soviético, en la isla comienza una crisis que intensifica y recrudece la escalada atómica de las dos superpotencias.

[8] Pacto Kennedy-Krushev. La crisis terminó con este acuerdo, por el cual la URSS retiraba los mísiles de Cuba, a cambio de que Estados Unidos los retirase de Turquía, al mismo tiempo que se comprometía a no invadir Cuba, ni propiciar acciones como la de la bahía de Cochinos.

más adelante, al descubrir que aquello que unos infelices soldaditos esperaban que fuese un paseo militar, habría supuesto la eliminación de la Florida y de la isla de Cuba. *«Pero en octubre de 1962 nadie sabía, ni el presidente Kennedy, ni ningún general, ni lógicamente nosotros, que aparte de los mísiles instalados en Cuba, y preparados para ser disparados, los tenientes coroneles de las 40.000 tropas rusas desplegadas en la isla disponían de armas atómicas con autorización para hacer uso de ellas a discreción.»*

Después que la CIA fracasara de manera estrepitosa en la bahía de Cochinos *«por menospreciar la capacidad de maniobra de Castro y utilizar el manual de operaciones prototípico de las repúblicas bananeras»* y después de la crisis de los mísiles que estuvo a punto de conducir al mundo a la Tercera Guerra Mundial, se abrió un período de operaciones clandestinas en Cuba con un objetivo: matar a Castro. *«A pesar de no haber participado en ninguna de estas operaciones, orquestadas por los hermanos Kennedy, sé que existieron. Y estoy convencido que esto fue lo que costó la vida al presidente norteamericano.»*

Nosotros estamos haciendo un libro sobre la disidencia, pero si nos explica quién asesinó al presidente Kennedy, le escucharemos.

Yo estoy convencido —y, mucho más importante, el presidente Johnson estaba convencido— que detrás de la muerte de Kennedy estaba Fidel Castro. Esto lo explica la secretaria de Johnson en sus memorias, y también el secretario de salud de Johnson, que era el hombre más cercano al presidente. Aunque esta hipótesis no se haya podido de-

mostrar nunca, tiene toda la lógica del mundo. Unos días antes de la muerte de Kennedy, Fidel Castro asistió a una cena del embajador brasileño en La Habana y le comentó: «Estas armas que hoy me apuntan a mí, mañana pueden apuntar al presidente de los Estados Unidos.» El día que mataron a Kennedy, el ex director de los servicios de espionaje cubanos, Fabián Escalante, voló de México a Dallas. También hay pruebas documentales en las que se ve a Lee Harvey Oswald[9] rodeado de funcionarios cubanos.

¿Qué motivo tenía Castro? Este magnicidio era el pretexto perfecto para que los Estados Unidos invadiesen Cuba.

Fue una cuestión personal, no política. Cada uno deseaba la muerte del otro. La misma esposa de Kennedy, Jacqueline, estaba convencida de esta versión. De hecho, una de las razones por la que se casa con Aristóteles Onassis y se marcha de los Estados Unidos es porque el magnate griego es suficientemente poderoso para proteger su familia, y le permite alejarse de aquel avispero.

Todo esto que nos explica son pruebas indiciarias. Si realmente estaban tan convencidos, ¿por qué no lo hicieron público?

Yo lo atribuyo a diferentes motivos: Jacqueline tuvo miedo por sus hijos. Bobby Kennedy, entonces fiscal general del estado, había cometido la temeridad de ponerse

---

[9] Lee Harvey Oswald (1939-1963). Según dos comisiones oficiales sería el único autor de los tiros que causaron la muerte al presidente John F. Kennedy. Personaje oscuro, que había vivido en la URSS y se declaraba marxista, al parecer tenía contacto tanto con el KGB como con la CIA, con el castrismo y con el anticastrismo.

de acuerdo con la mafia para intentar eliminar al presidente cubano. Y Johnson sabía que si declaraba que Castro había matado a Kennedy, al día siguiente tenía que invadir la isla, y no sabía ni cómo reaccionarían los soviéticos, ni quería heredar tampoco una crisis como aquélla. Por todo esto, el 20 de diciembre de 1963 firmó la orden presidencial con la que acabaron todas las operaciones militares contra Cuba.

Y a usted, ¿de qué manera le afectó esta decisión?

Yo, después de aquel episodio, tenía claro que la situación cubana se consolidaba. Un hecho que me ayudó a repensar mi vida. Me puse a estudiar en serio. Hice un máster en literatura y me fui a Puerto Rico a impartir clases. La verdad es que me veía perdido dentro de la sociedad americana. Me imaginaba en Dakota dando clases de español y la idea me deprimía.

¿Y cómo llegó a España?

Después de cuatro años en Puerto Rico, surgió la oportunidad de ir a hacer un doctorado en España y la aproveché. Después, puse en marcha una pequeña empresa editorial que publicaba libros de soporte a la educación, y Madrid se convirtió en mi centro de operaciones.

Un centro de operaciones desde donde comenzó a ejercitar su pasión de escritor, en columnas de opinión de diarios de América Latina, España o los Estados Unidos, y en numerosos libros: *Viaje al corazón de Cuba; Cómo y por qué desapareció el comunismo; Libertad: la clave de la prosperidad; Perromundo; 1898: la trama; Manual del perfecto idiota latinoamericano; Fabricantes de miseria…*

Libros que no hicieron ninguna gracia al régimen castrista, que considera a Carlos Alberto Montaner como el enemigo público número uno.

El hecho de escribir libros y columnas de opinión explicando la verdadera situación de Cuba y de haber ayudado, durante todos estos años, tanto a los disidentes del interior, como a los de Miami, me ha convertido en su objetivo. Me han acusado de ser agente de la CIA, han difundido el rumor de que mi padre era un terrorista y torturador batistiano, y todas las infamias que se pueden imaginar. Claro que nada de lo que digan me impedirá continuar haciendo mi tarea a favor de la libertad de Cuba. Es curioso porque, en mis artículos y libros, he acertado en muchos pronósticos, pero lo que nunca me habría imaginado es que la dictadura duraría medio siglo, y que resistiría la caída del bloque soviético.

Según usted, ¿cómo se ha llegado a cuarenta y nueve años de castrismo?

Por diversos motivos. Los soviéticos supieron construir muy bien la jaula institucional, de la que no era posible escaparse. Y tenían, en el caso cubano, un caudillo sin escrúpulos que, con los instrumentos represivos del leninismo, por un lado, y su personalidad paranoica, por el otro, sabía cómo mantenerse en el poder. Le faltaba únicamente soporte financiero y, durante treinta años, la Unión Soviética se lo proporcionó.

¿Y cuando cayó la URSS?

Entonces Castro sobrevivió por una combinación de dos estrategias. Primera: extremó el control político. ¡No cedió ni un milímetro! Y segunda: tomó diversas medidas económicas para paliar el hecho de que la capacidad de consumo de los cubanos se redujera en un 40%. Se permitieron los mercados de campesinos y algunas actividades a los cuentapropistas[10]. *También se hicieron más laxos los controles para la salida de los cubanos al exterior, y se abrió la puerta a las inversiones europeas. A pesar de todo, el malestar fue tan grande que, en agosto de 1994, estalló el* Maleconazo.[11]

¿Por qué todas estas medidas económicas no fueron a más?

Porque estas medidas eran contrarias al instinto igualitario de Castro, según el cual, un ciudadano con recursos, al margen del estado, era un foco de poder que no podía controlar.

Pero esta Revolución alguna cosa debe haber hecho bien...

La educación funciona bien y también la asistencia médica, la sanidad, a pesar de los problemas constantes de abastecimiento. Académicamente hablando, en Cuba hay un buen capital humano. Pero precisamente eso demuestra que el sistema no funciona. Existe una gran incoherencia entre el grado de formación de la gente y el nivel de incompetencia y de improductividad del sistema. Que se-

---

[10] Autónomos o trabajadores por cuenta propia. Con la caída del bloque socialista del Este, el gobierno permitió, y hasta estimuló, la creación de pequeños negocios privados, en muchos casos familiares.

[11] Maleconazo. 5 de agosto de 1994. Manifestación espontánea y violenta de miles de jóvenes contra el régimen opresivo de Castro, que se produjo en el Malecón de La Habana y en calles adyacentes. Fue generada por la asfixiante situación económica y el descontento general. Desencadenó una feroz represión del gobierno.

as un ingeniero bien formado, y solamente tengas agua corriente dos veces a la semana, y tengas que malvivir bajo un techo deteriorado, y tengas que hacer cola con una tarjeta de racionamiento, te hace sentir muy frustrado y muy indignado con el sistema. ¿Saben quienes son los pobres más tristes del mundo?

¿Los pobres educados?

Exactamente. ¿Me permiten que les explique un chiste sobre la educación?

Adelante.

Ocho mil cubanos viajan dentro de un autobús. El chofer frena bruscamente y los pasajeros caen unos sobre otros. El chofer se gira y explica: «Señores, hemos sido víctimas de la inercia. La inercia es una fuerza que desplaza los objetos...» El conductor del autobús era doctor en física. ¡Que no me digan que no sirve para alguna cosa la educación!

Castro siempre presumió de que las prostitutas cubanas eran las más educadas.

Otro de los argumentos de la Revolución era erradicar la prostitución. ¡Una justificación tan demencial como tomar París para cerrar el Moulin Rouge! A menudo me pregunto, «¿cuál es el límite represivo a que tiene derecho un estado en nombre del desarrollo? La respuesta, para fascistas y para comunistas, es: a todo». Yo, en cambio, soy de los que cree que tiene que haber una relación entre las ganancias y los medios. Dudo que la grandeza de las pirámides pueda compensar que fuesen construidas por mano de obra esclava, y a costa de muchas vidas humanas.

Y sé, con toda seguridad que, por lo que se ha ganado con la dictadura castrista, no hacía falta establecer un régimen totalitario con millones de exiliados, con miles de presos políticos, con un comité de confidentes en cada esquina y con una población aterrorizada. Sin hablar de los 41.695 muertos que ha dejado...

Disculpe, ¿cómo se puede dar una cifra tan precisa?

Gracias al trabajo del economista de la Universidad de Harvard, Armando Lago, y de la analista política, María Werlau. Después de años de trabajo, ellos han documentado con nombre y apellidos 41.695 víctimas directas del castrismo, entre fusilamientos, ejecuciones extrajudiciales, muertos en las prisiones... Más aproximativo es el número de cubanos que han perdido la vida en las balsas, que podría fijarse en unos 77.000 muertos. Los «logros» que ha conseguido esta Revolución son mínimos. Soy experto en Latinoamérica y les puedo asegurar que los uruguayos, los argentinos, los puertorriqueños o los costarricenses ofrecen asistencia médica a los enfermos, no tienen tampoco analfabetos, pero sí derechos humanos.

Es evidente que, quizás, en lugar de hablar de claroscuros de una Revolución deberíamos hablar de claroscuros de un hombre.

Seguro. Fidel Castro es un hombre con más defectos que virtudes. Su falta de compasión y de empatía siempre ha sido absoluta. Ha hecho de la intimidación un instrumento de relación con la estructura de poder. Es un narcisista que necesita ser adulado constantemente. Un caso parecido al de Benito Mussolini. También, siempre ha experimentado unos celos paranoicos contra cualquier persona que haya podido comenzar a ser querida por el pueblo de Cuba. Tanto es así, que sustituyó dos galantes de la TV que despertaban, según su parecer, muchas simpatías. ¿Virtudes? Es un hombre inteligente y disciplinado. Durante este casi medio siglo en el poder, se ha ocupado tanto de las nimiedades como de los asuntos importantes que sucedían en su finca particular, que es Cuba, y su estilo popular de «padre de la patria», le ha dado un buen resultado.

También ha obtenido buenas rentas de la confrontación permanente con los Estados Unidos.

Sabe que un discurso antiimperialista y anticapitalista tiene muchos adictos, y cultiva eso en lugar de preocuparse de equilibrar el presupuesto o de reducir la inflación. Él parte del supuesto de que Cuba es una potencia equiparable a los Estados Unidos. No entiende que, si un ciclón borrase del mapa cualquier vestigio de Cuba, las consecuencias económicas mundiales serían apenas perceptibles. En cambio, sin los Estados Unidos, el planeta estaría decapitado.

Hablando de ciclones, ¿es cierto que Castro, en alguna ocasión, ha acusado a la CIA de desviar los ciclones hacia las costas cubanas?

Sí. De la misma manera que afirmó que los Estados Unidos le enviaban epidemias de dengue, o que la CIA le destruía la cosecha de tabaco diseminando el hongo azul. En circunstancias normales, si nuestro vecino del quinto nos dijera que el gobierno le envía ciclones a su casa, todo el mundo entendería que se le tiene que encerrar en un manicomio. Pero cuando eso no le pasa al vecino del quinto, sino al presidente de un país, en el manicomio acaban los sanos.

Bien, como diría Gabriel García Márquez, a cada patriarca le llega su otoño.

O a cada cerdo su inevitable San Martín, como diríamos los que no comulgamos con el realismo mágico. Sucede que, como siempre había dicho que moriría al pie del cañón, estábamos preparados para una muerte repentina de Fidel Castro, pero no para una muerte lenta. No nos pensábamos que se pudiese morir, como la mayoría de la gente, poco a poco y que esto le permitiera dar el impulso inicial a una transición.

El paralelismo con la enfermedad de Franco es flagrante, ¿no le parece? Y, como en el caso de Leonid Bréjnev,[12] a Fidel también le sucede otro anciano, en este caso su hermano...

Un viejo que sustituye a otro viejo. Y el problema se aplaza... y posiblemente se agrava más. Raúl Castro ha heredado el poder, pero no la autoridad, y las instituciones cubanas no tienen ningún peso para liderar una transición. Fidel ha aplastado todas las instituciones del país. El Partido Comunista de Cuba está formado por autómatas; a la Asamblea Nacional del Poder Popular se la conoce como Los Niños Cantores de La Habana, una coral en que nadie puede salirse de la partitura oficial y desafinar; las organizaciones de masas (sindicatos, federaciones estudiantiles...) no representan a sus afiliados, sino a la policía política que les controla.

---

[12] A Leonid Bréjnev lo sucedió Yuri Andrópov (1982-1984) y, a éste, Konstantin Chernenko (1984-1985), antes que Mijail Gorbachov llegase al poder de la URSS.

¿Y en términos económicos?

Es previsible que los problemas económicos se agraven todavía más. Ninguna persona sensata querrá hacer negocios con Cuba hasta que no vea qué pasará.

¿Y qué papel desarrollará en este escenario Hugo Chávez? De momento ya se ha gastado más de dos mil millones de dólares anuales en ayudar a Cuba, un soporte que es casi equiparable al del bloque soviético de hace unas décadas.

Después del golpe de estado contra Chávez en abril de 2002, éste se convenció de que Fidel había sido clave en la salvación de su poder político. Se aceleraron los vínculos entre ambos personajes y comenzaron a forjar una visión del mundo que resumió Felipe Pérez Roque[13] en un discurso pronunciado en Caracas en diciembre de 2005. En aquel discurso, el ministro castrista –que siempre se ha dedicado a interpretar los mensajes de Fidel al pie de la letra–, afirmó: «Las ideas marxistas-leninistas que se están revitalizando en los Estados Unidos, Cuba y Venezuela crearan una nueva URSS.»

¿No encuentra un poco delirante que pretendieran ser la nueva URSS?

Los dos líderes llegaron a conclusiones similares a las de los rusos de los años veinte. Que el comunismo sólo puede salvarse si se expande, y que si no hay metástasis, se hunde. También en Caracas el vicepresidente Carlos Lage afirmó que Cuba tenía dos presidentes, Fidel Castro y Hugo Chávez. Eso, en una dictadura, no se dice de manera

---

13 Felipe Pérez Roque (La Habana, 1965). Ministro de Relaciones Exteriores cubano desde 1999.

fortuita. ¿Se intentará una federación como, en su momento, hicieron Egipto y Siria? Lo que sí es seguro es que la gente de Fidel estuvo diseñando la jaula institucional a Chávez.

¿Qué elementos tiene para llegar a esta conclusión?

Miren, yo conozco la prosa castrista y les puedo asegurar que, incluso, han copiado la legislación. Los documentos que salen del Ministerio de Relaciones Exteriores de Venezuela están escritos por cubanos.

¿Van a tener la misma complicidad Chávez y Raúl?

Es una incógnita saber cuál será la relación entre ambos. Aparte de que Chávez tiene una situación inestable en Venezuela. La dictadura no ha acabado de cuajar. Cualquier cambio en Venezuela significa la inmediata desaparición de los barriles de petróleo de Chávez y una nueva contracción del consumo en Cuba. Entonces, las vías posibles serán reformas o cañones.

¿Ve factible que el pueblo salga a la calle?

Una cosa que aprendí hace mucho tiempo es que las rebeliones sólo son posibles en los países donde hay propiedad privada. Fíjense, si no, que en ningún país comunista ha habido revueltas populares. Todos son siervos del estado. Y los disidentes del interior, que viven en pésimas condiciones, no tienen la capacidad de llamar al pueblo a la rebelión. No tienen ni siquiera la posibilidad de comunicarse con él. Por tanto, no habrán revoluciones organizadas para conquistar el poder y lo único que es previsible son motines callejeros, como consecuencia de la escasez de comida. La gente desesperada no pretenderá derrocar el régimen, sino irrumpir en los pequeños comercios y conseguir jabón o una botella de aceite.

Y la tentación de Raúl ¿será hacer reformas o incrementar la represión?

Yo creo que hacer reformas. Por un lado, porque toda la cúpula dirigente está reclamando un cambio sotto voce y, por otro, porque no se puede permitir un Tiananmen. Si una cámara de la CNN grabase un Tiananmen en La Habana provocaría la intervención inmediata de los Estados Unidos, pero no por una cuestión de imperialismo, sino por los vasos comunicantes entre ambos países, por la presión que ejercerían los dos millones de exiliados cubanos que viven en Florida.

¿Cuál cree que debería ser la tarea de los exiliados de Miami?

Ser un lobby de presión que dé soporte a los proyectos democráticos que surjan desde el interior. Pero previamente se habrán tenido que dar dos circunstancias. Primera, que asuma el poder una persona convencida de la necesidad de reformas y llame a los opositores. Y segunda, que éstos estén dispuestos a propiciar una transición pacífica hacia la libertad, pactando las condiciones y los términos. Se tendría que llevar a cabo una negociación política serena que condujese a un proceso electoral abierto.

¿Sería entonces el momento en que Carlos Alberto Montaner regresaría?

Yo regresaría a la primera oportunidad, aunque supusiese correr riesgos. Humanamente me interesa la reconstrucción de mi país, y también crear una gran coalición liberal entre los demócratas.

¿Y quién incluiría esta coalición?

Espero que desde los sectores democristianos –entiéndase Oswaldo Payá– hasta los entornos más socialdemócratas –entiéndase Vladimiro Roca–. Ellos han estado haciendo un magnífico trabajo desde el interior.

¿Se refiere a la redacción del Proyecto Varela y a las demás iniciativas de esta índole?

Por supuesto.

El gobierno castrista echó a rodar el rumor, en su momento, de que el autor intelectual del Proyecto Varela era usted.

Eso únicamente lo hicieron para desacreditar un Proyecto que se forjó en el interior y al que yo me limité a apoyar, igual que había apoyado las actividades de la disidencia que se habían gestado desde los años sesenta hasta entonces... con el paréntesis de los años setenta, en que no había disidencia porque todos los opositores estaban en la cárcel.

¿Se atreve a hacernos una previsión de cuándo se producirán los primeros cambios?

Espero que pronto. Hace casi cuarenta años que el país se gestiona bajo criterios de economía de guerra –pero no está en guerra– y lo único que no está racionado en Cuba es el cuerpo de la policía. No hay ningún versículo de El Capital *donde se receten las bondades de la pobreza ascética permanente. Cuba necesita reformas urgentes.*

¿Y por dónde comenzaría?

Por los activos del estado para que puedan ser transferidos al pueblo, para restituir el derecho a la propiedad privada, y para que la gente se pueda ganar la vida. Y, acto seguido, liberalizaría los precios para que la economía se sincere y fortalezca la moneda para que puedan llegar inversiones al país. Que invertir en Cuba no sea sinónimo de jugar a la ruleta rusa.

¿Y cuál prevé que va a ser el papel de los Estados Unidos?

Previsiblemente ofrecerán una fuerte inyección de dinero para la reconstrucción del país y Cuba experimentará un crecimiento económico brutal. Siempre que haya tranquilidad política, lógicamente. Un elemento que juega a favor de que así sea, es que después de medio siglo de dictadura, el pueblo cubano se siente desengañado y escéptico. Y este estado de ánimo que, ciertamente, no es una virtud en muchos de los casos, sí que lo es para la convivencia política pacífica. La mirada distante que da la experiencia totalitaria es un buen fundamento para una futura república sosegada.

Debe ser aquello de que «el entusiasmo es el enemigo más grande de la democracia».

Es exactamente eso. Se ha acabado el discurso patriótico-emotivo, y se ha acabado el ir corriendo detrás de un caudillo hipnotizador que toca una flauta de Hamelín. Se necesita una comunicación racional y cuando el país vea que cada mes está un poco mejor, regresará la esperanza individual y colectiva.

¿Es partidario del punto y aparte, para empezar de cero, o de la creación de las «comisiones de la verdad»?

Todo lo que signifique quitarle conmoción a la nueva república lo doy por bueno. Antes pensaba que lo óptimo era juzgar a Castro y hacer una auditoría exhaustiva al régimen. Que el pueblo se enterase de las relaciones de su líder con el narcotráfico, que se ventilase su responsabilidad directa o indirecta con numerosos crímenes políticos. Que las cámaras democráticas entrasen en sus múltiples residencias, y que el pueblo tuviese conocimiento de su área privada de caza o de la casa experimental situada bajo las aguas, que se viese desprestigiado por las mismas leyes que él dictó...

¿Y qué le ha hecho cambiar de opinión?

Pensar que Cuba no ha sido una dictadura controlada por un grupo de sinvergüenzas. El sistema ha tenido muchos cómplices y no creo que sea conveniente agitar las verdades del pasado con la apertura de expedientes. Mucha gente que hoy son víctimas, ayer fueron verdugos. Y mucha gente que ayer participaba en los actos de repudio, hoy está en las prisiones por defender la libertad. Hay muchísimas personas que viven con un gran sentimiento de culpa. En las sociedades democráticas existe una ceremonia para exorcizar todos estos fantasmas que se denomina referéndum. Cuba necesita un referéndum para que los cubanos se puedan perdonar todos sus pecados y mirar hacia adelante.

Oswaldo Payá

El arquitecto del proyecto varela

La insoportable fragilidad del opositor en un régimen dictatorial se puede percibir en una casa concreta de la calle Peñón, entre Monasterio y Ayuntamiento. Allí es donde vive, con su esposa y sus tres hijos, uno de los disidentes más temidos por el régimen castrista, Oswaldo Payá. El hogar, a pie de calle y de una gran vulnerabilidad, no tiene nada que ver con el búnker inexpugnable que nos imaginábamos encontrar. De hecho, uno tiene la sensación de que las paredes de la casa se podrían venir abajo en cualquier momento. Ni siquiera haría falta que llegasen los últimos espasmos del huracán Katrina, ni sería necesaria la contribución de las fuerzas de Seguridad del Estado que, según nos explica la familia Payá Acevedo, irrumpen dentro de la casa siempre que les apetece.

Es una casa estigmatizada, a pesar de que no haya marcas visibles. De la misma manera que Payá es un hombre lleno de cicatrices, las cuales tampoco se pueden apreciar directamente, y nos damos cuenta de ellas más adelante durante la entrevista. Mientras contemplamos la fachada de su casa, notamos que despertamos las miradas curiosas de unos cuantos cubanos ociosos, poco acostumbrados a cruzarse con «turistas» deambulando por aquellas calles sin asfalto del barrio habanero del Cerro.

Nos abre la puerta Ofelia, la mujer de Oswaldo, que hace prácticamente veinte años que comparte la vida con él y su causa. Algún día, alguien tendrá que hacer un monumento a todas las «ofelias» de Cuba, unas mujeres que han resistido sin desfallecer todas las embestidas del castrismo y han construido un hogar de libertad.

Nos invita a sentarnos en un sofá del salón, flanqueado por un perro amable adormilado y una escultura-homenaje a los setenta y cinco presos de la Primavera Negra. En la escultura, formada por muchas manos unidas, hay clavados pines con las fotografías de los setenta y cinco presos. *«Esto permanecerá aquí mientras haya un preso político en la isla»*, asegura. Pero su rostro nos dice muchas más cosas. Hay personas que tienen un rostro que habla y Ofelia Acevedo estaría dentro de esta categoría. De sus ojos emana la serenidad de los que han sobrevivido a muchas vicisitudes y que todavía se encuentran en el punto de mira.

La puerta de la casa se abre y aparece uno de los principales enemigos de Castro. Payá se aproxima a nosotros con pasos lentos, como si la carga figurada que lleva a sus espaldas fuese real. Se le ve cansado. No es hasta que comienza a involucrarse en la conversación que el abatimiento queda en segundo plano. El opositor escoge las palabras con prudencia para hablar de los últimos acontecimientos en Cuba, sin dejarse arrastrar por la demagogia fácil y los clichés que generan los gobiernos prolongados, sean dictatoriales o democráticos. No puede ocultar cierta preocupación por su situación personal, ya que es perfectamente consciente de que *«el final del régi-*

men se acerca y es un momento de extrema delicadeza para todos los disidentes».

Hablando con propiedad, Payá nunca ha sido un disidente. *Disidente* es «alguien que se separa de una comunidad, de una escuela filosófica, artística, de un partido, etc.» Y, en Cuba, hay muchos opositores que han sido disidentes del castrismo, porque habían formado parte de él, pero hay otros que no. Payá nunca ha militado en el Partido Comunista de Cuba, ni en ninguna de las organizaciones que le son subsidiarias, como la Unión de Pioneros o la Unión de Jóvenes Rebeldes.

Para él estar en contra del régimen es una cuestión hereditaria. Sus padres, Alejandro e Iradia, eran católicos que, desde el primer momento, experimentaron un rechazo instintivo y automático por el comunismo y todo lo que representa. Y es éste el estado de espíritu que trasmitieron a sus siete hijos. Numerosas familias cubanas han sido contrarias a la Revolución desde el primer día; pero en la mayoría de los casos a causa de la nacionalización de sus propiedades y de la pérdida de cierta posición social. En el caso de la familia Payá, no había razones económicas, más bien se trataba de convicciones. Y eso, seguramente, tiene que ver con la firmeza con que han aguantado el asedio sin tregua del régimen. Un asedio que comenzó en 1961.

Como una de las tantas consecuencias de la invasión de la bahía de Cochinos, Oswaldo Payá niño –tenía entonces nueve años– presenció el primer *progrom* [14], lo que des-

14 Palabra rusa que significa ataque o disturbio. El término tiene connotaciones históricas que incluyen ataques violentos por las poblaciones locales contra judíos en el imperio ruso y por todo el mundo. En la época moderna el resentimiento económico y político, ha servido de pretexto para los *progroms*.

pués se conocería como «acto de repudio», contra su familia. Desde los nueve años sabe, pues, qué significa que un grupo de milicianos y agentes rodee tu casa, te insulte a través de los altavoces –«*Gusanos al paredón*», gritaban–, te apedree las ventanas y la puerta y, en definitiva, te aterrorice. Y sabe el sufrimiento de su madre, que soportó esta situación, con entonces seis hijos pequeños y el marido en prisión.

En la escuela, Payá siempre fue un niño rebelde. Primero se negó a pertenecer a las agrupaciones comunistas –a pesar de ser una norma obligatoria– y, unos años más tarde se manifestó abiertamente contrario a la invasión soviética de la desaparecida Checoslovaquia. Castro estaba a favor. Esta actitud le comportaría un castigo ejemplar: en la preadolescencia fue separado de su familia y enviado a realizar trabajos forzados, sesenta horas semanales en la cantera de un campamento en la isla de Pinos, hoy conocida como isla de la Juventud. Cuando pudo regresar a casa, se encontró con que no podía acceder a la universidad por tratarse de una persona «no afín» al régimen, y se vio obligado a sobrevivir haciendo trabajos poco cualificados. «*A pesar de todo, nunca he sucumbido a la tentación de abandonar Cuba ni de dejar de trabajar por su libertad. Ni siquiera cuando mi hijo mayor enfermó gravemente con un coma hepático y tuvimos que viajar a Miami para que lo atendiesen. Muchos amigos y familiares nos aconsejaban que aprovechásemos la oportunidad para quedarnos allá.*»

A mediados de los años ochenta, sus iniciativas fueron tomando impacto entre los núcleos de resistencia en el interior, pero también en el exterior de Cuba. Todas estas iniciativas, amparadas ocasionalmente por la iglesia, se concretaron en 1987 con la creación del Movimiento Cristiano de Liberación. Y se comenzó a debatir sobre libertad, sobre justicia y sobre reconciliación nacional. Posteriormente llegó la recogida de firmas entre los cubanos de dentro y los de fuera integrados a través del proyecto Llamada al Diálogo Nacional –con la correspondiente detención de Payá y el consabido acto de repudio a su familia–. Asimismo, en dos ocasiones (en 1992 y en 1997) se intentó presentar su candidatura en unas elecciones –con el correspondiente rechazo por parte del gobierno.

Pero ninguna de estas acciones hizo tambalear al régimen tanto como la presentación del Proyecto Varela, una iniciativa promovida por un centenar de organizaciones y agrupaciones bajo el nombre Todos Unidos que pedía convocar un referéndum entre los cubanos para determinar si estaban de acuerdo con el sistema o querían cambios. *«Si Castro se hubiese sentido seguro, habría aceptado el desafío. Pero él sabía que los 11.000 cubanos que firmaban el Proyecto eran solamente la punta del iceberg. Posiblemente, las dictaduras son más débiles de lo que aparentan cuando se les obliga a enfrentarse a la verdad.»*

¿Se puede hablar de un antes y un después del Proyecto Varela?

Yo creo que sí. Miren, el Proyecto Varela comenzó a gestarse en la primavera del año 1996. Prácticamente toda la oposición pacífica se puso a reflexionar para encontrar un camino en el que los ciudadanos fueran los protagonistas directos. Realicé un trabajo intensísimo de búsqueda de información de las leyes cubanas y la constitución. Y, a me-

dida que me iba adentrando en él, la conclusión a que llegaba siempre era la misma: todas las leyes estaban hechas para cerrar las puertas al pueblo. El Proyecto Varela significó abrir una ventana a la gente.

¿Por qué se invoca un sacerdote, el padre Félix Varela Morales?[15]

Invocamos al padre Varela de manera natural, espontánea, lógica y casi intuitiva. Nacido a finales del siglo XVIII, fue un intelectual y un pensador muy importante, además de uno de los forjadores de la nacionalidad cubana. Varela se anticipó a lo que hoy denominamos humanismo cristiano. Nuestro Proyecto no podía tener ningún otro nombre, teniendo en cuenta que se fundamentaba en la soberanía, el servicio al pueblo y la conquista de los derechos ciudadanos.

La iniciativa, entonces, no era confesional.

No, no lo era. Buscaba los derechos para todos, independientemente de su fe. A las personas que hemos participado en este Proyecto nos gusta calificarlo como la experiencia cívica más importante de los últimos cuarenta y tantos años en Cuba. De hecho, con esta iniciativa el ciudadano de a pie vio por primera vez que podía contribuir al cambio.

[15] Félix Varela (1788-1853). Sacerdote. Se dedicó a la enseñanza. Se le considera uno de los padres del nacionalismo cubano y un propagador de las ciencias y las letras. En 1821 fue representante de Cuba en las Cortes españolas donde, entre otras cuestiones, defendió la abolición de la esclavitud. Con el regreso del absolutismo se exilió en Nueva York, desde donde defendió el derecho de Cuba a la soberanía.

Con su firma a favor del documento.

Sí. Miles de cubanos de toda la isla imprimieron su firma como un acto de liberación personal. Era una manera de decir al régimen, que los había educado para la simulación y el sometimiento, que ya no tenían miedo. Les decían: «Aquí tienen mi nombre, mi dirección, mi número de identidad: vengan a buscarme cuando quieran. Ya no les temo.» El 10 de mayo de 2002 entregamos a la Asamblea Nacional del Poder Popular de Cuba un total de 11.020 firmas –la constitución socialista vigente exigía 10.000–, y en octubre de 2003, después de las detenciones, 14.384 más. Y la gente continúa firmando. Actualmente contamos con más de 40.000 firmas.

¿Tuvieron dificultades para recoger las firmas o hubo cierta tolerancia por parte del régimen?

¿Tolerancia, dicen? Fue un trabajo titánico, siempre bajo la persecución y la represión. No ha habido nunca una perestroika en Cuba. La tarea principal de la Seguridad del Estado en este período, ¿saben cuál fue? Infiltrarse en nuestros comités y hacernos llegar firmas falsas para intentar desanimarnos y crear confusión. Por eso decidimos verificar, en muchos casos más de una vez, todas las firmas que nos llegaban. La Seguridad del Estado interceptaba a los activistas, les quitaba los impresos firmados, ponía agentes suyos en los lugares donde recogíamos firmas, enviaba cartas a los que ya nos habían dado soporte prometiéndoles 100 dólares o más, si retiraban su apoyo al Proyecto. Y si no funcionaba, los visitaba en sus casas para intimidarlos. También se dedicó a difundir rumores.

¿Cómo cuáles?

Que si la recogida de firmas no era legal. Que si la gente firmaba un folio en blanco que lo único que decía era Proyecto Varela. Nada de eso era cierto. La recogida de firmas se hizo de manera transparente. Todo el mundo sabía qué estaba firmando. El texto decía claramente que era una petición de cambios civiles y políticos (como la convocatoria de unas elecciones libres, la libertad de prensa o la amnistía de los presos políticos) dirigida a la Asamblea Nacional del Poder Popular, y respaldada por unos cuantos artículos de la constitución cubana.

Pocos días después de la presentación del Proyecto Varela, el ex presidente norteamericano Jimmy Carter, durante su visita a Cuba, ofreció una conferencia en la Universidad de La Habana en la que mencionó favorablemente la iniciativa.

Esta conferencia, en la que Castro lógicamente estaba presente, fue la única vez que los ciudadanos de Cuba oirían hablar del Proyecto Varela en los medios oficiales. En su intervención, el ex presidente americano recomendó la difusión del documento. Pero el régimen no se ha atrevido nunca a publicarlo. Respondió a nuestras peticiones, primero, con una parodia política de referéndum que declaraba el sistema político de Cuba como inamovible y, posteriormente, con una oleada de detenciones masivas a opositores pacíficos.

Hablemos primero, si le parece, de la «parodia» de referéndum.

El gobierno se sintió agredido por aquella expresión de libertad y respondió a nuestro esfuerzo con una iniciativa paralela. En junio del mismo año 2002, las autoridades organizaron una campaña masiva de recogida de firmas a favor del sistema socialista de Cuba. El gobierno aseguró haber recogido más de 8 millones de firmas en dos días. Partiendo de este cuestionable resultado, la Asamblea Nacional aprobó una propuesta oficial para declarar irrevocable el sistema socialista en la constitución. Si todo en su conjunto no fuese tan criminal, provocaría risa.

¿Fue un acto desesperado por parte del gobierno?

Sí. Fue un acto en el que anularon el respeto a la soberanía popular que menciona la constitución –por tanto, violaron sus propias leyes , y quisieron mutilar la historia.

Y en aquel momento comenzaron las detenciones.

En el transcurso de un año, un buen número de disidentes políticos fueron detenidos. Entre éstos, diversos impulsores del Proyecto Varela y miembros del Movimiento Cristiano de Liberación.

En los días que antecedieron la oleada represiva, ¿se imaginaban una escalada de tensión de tanta envergadura?

Nos lo olíamos, sí. Compañeros míos como Regis Iglesias, Antonio Díaz Sánchez, Pedro Pablo Álvarez... me iban informando de detalles sospechosos: desde maniobras para destruir la imagen de la oposición, hasta noticias que llegaban de Santiago, de Matanzas, de Pinar del Río, de todas partes, sobre asaltos a familias indefensas o detenciones arbitrarias. Fueron días muy tristes.

¿Por qué a usted no lo detuvieron?

Buena pregunta, aunque no les pueda dar una respuesta. Desde marzo de 2003 que lo estoy esperando.

Algunas personas con mucho conocimiento de la realidad cubana afirman que el gobierno optó por detener a sus colaboradores y dejar únicamente en libertad al artífice del Proyecto para crear malestar entre ustedes. O quizás para que periodistas como nosotros le hagamos reiteradamente esta pregunta.

Todo es posible. Sin ninguna duda el asedio a que estoy sometido es como estar preso en la calle. Tengo agentes de la Seguridad del Estado que me siguen mientras voy en bicicleta, mientras voy al trabajo, cuando voy a misa, si voy a bañarme a la playa con mi mujer y mis hijos... ¿Han notado alguien que los siguiese?

No. La verdad es que no hemos tenido la sensación de que nadie nos vigilase.

Es que de esto saben mucho. Pero no duden que si han estado visitando algunos de los disidentes, han sido captados por sus radares. A mí siempre me ha costado un gran esfuerzo intentar entrar en la lógica de este gobierno. Supongo que soy incapaz de entender un régimen que detiene a unos simples defensores de los derechos humanos, que trabajan por el cambio pacífico y por la reconciliación nacional, y los condena a más de veinte años de prisión.

¿Cómo se produjeron las detenciones?

A la mayoría los detuvieron en su casa y se llevaron todo lo que quisieron: una grabadora, un fax, manuales de los derechos humanos así como artículos diversos. Más que de registros, deberíamos hablar de verdaderos saqueos. En ninguno de los casos encontraron ni una sola bala, ni un mapa o plano que pudiese demostrar que estábamos conspirando con un gobierno enemigo, como tienen la tentación de acusarnos. Ningún plan de subversión. Nada de nada.*

¿Siguió los juicios?

Los que pude seguir. La mayoría los hacían simultáneamente y a menudo no nos dejaban entrar. Si el referéndum fue una pantomima, no tengo palabras para calificar el ataque al estado de derecho, a la decencia, a la verdad y a la dignidad que fueron aquellos procesos judiciales exprés.

¿En qué medida todos estos encarcelamientos debilitaron su Proyecto?

Fue un golpe muy fuerte, pero el camino hacia el cambio pacífico ya se había iniciado y no podíamos permitir que nada lo detuviese.

No toda la oposición estaba de acuerdo con esta propuesta de cambio. Algunos disidentes, tanto en el interior como en el exterior, consideraban que el planteamiento del Proyecto Varela legitimaba la actual constitución.

Es una crítica que ya he escuchado muchas veces. Aquellos que estaban interesados en boicotear la iniciativa —que solían ser los que comprendían mejor sus potencialidades—, se dedicaron a tergiversar el contenido del plan. Me explicaré: la constitución posee artículos que enuncian algunos derechos. Nuestra lectura fue: «Queremos estos derechos, sin renunciar a los otros.» ¿Ustedes creen que el totalitarismo sería totalitarismo si permitiese lo que pedía el Proyecto Varela? O sea, libertad de expresión, de prensa, de sindicación, de asociación, de afiliación a partidos políticos, la liberación de los presos, una nueva ley electoral que garantice el ejercicio de la soberanía, elecciones libres...

Una encuesta, aparentemente seria, realizada en Miami demuestra que el 80% de los cubanos simpatiza con el Proyecto Varela o le ofrece soporte.

Yo entiendo que un 20% de los exiliados tenga objeciones, críticas o reticencias. Respeto profundamente, como no podría ser de otra manera, todas las opiniones que discrepan de la iniciativa. Además, siempre hemos considerado este Proyecto como un primer paso para poder emprender todo un conjunto de transformaciones que el mismo pueblo cubano se encargará de definir.

¿Qué transformaciones?

Después de las detenciones, comenzamos un proceso de diálogo nacional. Invitamos a todos los miembros de la oposición de dentro y de fuera de Cuba, invitamos a todas las logias e iglesias. A todos los que aceptaron les repartimos un documento de trabajo para que, en equipos o individualmente, escribieran sus opiniones sobre todos los aspectos de la vida: economía, reconciliación, salud, educación, exilio, cambios políticos, desarrollo ecológico... Todo. Participaron más de 12.000 personas. Entonces, comenzamos a procesar todas estas aportaciones y se hizo una redacción final, el programa «Todos Cubanos».

Nos ha mencionado la iglesia. Como cristiano que es, nos gustaría que nos hiciese una breve reflexión sobre esta institución en Cuba. ¿Ha apostado por el cambio?

Muchos quieren ver en la iglesia cubana el factor de

cambio que fue en Nicaragua o en Polonia, pero yo no creo que sea así. Aunque, con sus limitaciones, también educa y siembra valores, no creo que ni la jerarquía católica, ni sus miembros en general, estén en disposición de un compromiso más sólido, ni de arriesgarse por el cambio.

¿La Unión Europea y la comunidad internacional les han dado suficiente apoyo?

La Unión Europea no se ha mostrado indiferente, sino que ha demostrado preocupación y proximidad. Tanto en el Parlamento Europeo, como en la Comisión, se han pronunciado de manera solidaria a favor de los derechos humanos y de la liberación de los presos políticos. Nosotros lo que echamos en falta, sobre todo, es la expresión solidaria de los pueblos, de los trabajadores, de los estudiantes, de las comunidades religiosas, de la sociedad civil... Tengo la impresión de que todavía están muy condicionados ideológicamente, y muy desinformados de lo que aquí sucede. Lo que Cuba necesita es que haya una presión internacional como la que en su momento hubo en Chile o en Sudáfrica. En España, sabemos que hay pasión por lo que ocurre en Cuba, pero a menudo no se supera la confrontación partidista o de la espera estéril y paralizante. Y Latinoamérica... es penoso, pero cierto, decir que desde allí se escuchan muy pocas voces solidarias. En el mejor de los casos predomina el silencio.

Los reconocimientos internacionales que ha recibido, como pueden ser el Premio Sajarov 2002 –que otorga el Parlamento Europeo– o el haber sido nominado para el Premio Nobel de la Paz en 2003, ¿han ayudado a un aumento de la conciencia y divulgación de su labor?

Sí, han sido de una gran ayuda. Para mí fue un orgullo ir a recoger en el año 2002 el Sajarov –una distinción que tienen personalidades como Nelson Mandela o el líder albanokosovar Ibrahim Rugova–. De la misma manera que fue un honor que el presidente Havel hiciese una campaña a mi favor para que me concediesen el Nobel. Pero dicho esto, tengo muy claro que el premio que yo personalmente recogí era un reconocimiento a todo el pueblo de Cuba.

¿Cómo es que lo dejaron salir para ir a recoger el Sajarov a Estrasburgo y, en cambio, le impidieron viajar hasta Washington para recoger un premio del Instituto Nacional Demócrata?

Como les dije antes, me cuesta interpretar la psicología paranoica de este gobierno. De cualquier manera, sepan que, hasta el último momento, no tuve claro si me permitirían coger el avión para ir a Estrasburgo. En la vigilia del viaje nos despertaron con pintadas atemorizadoras alrededor de nuestra casa y con la puerta cerrada desde afuera para que no pudiésemos salir.

¡Tremendo...!

No le negaré que hemos padecido –y estamos padeciendo– mucho. Pero, a pesar de ello, estamos dispuestos a trabajar para conseguir cambios sin violencia, sin venganza y sin exclusiones. Tenemos que dejar atrás la tradición de violencia, ya que la violencia nunca ha traído consigo la libertad ni la justicia, sino el odio y la opresión. Hay otra cosa de la que estoy convencido: incluso los miembros del aparato castrista están tan secuestrados por el régimen, que no se permiten ni desviar la mirada. El ré-

gimen no tiene ningún tipo de tolerancia con ellos. Nosotros, en cambio, les llamamos para hacer juntos el camino.

¿Y qué camino cree que tiene más posibilidades? ¿La vía rusa, la china,...?

Espero que seamos capaces de encontrar una salida... ¡a la cubana! Y les explicaré por qué. Una salida a la manera rusa significa la confiscación de la transición o del cambio, y que la oligarquía cercana al régimen comunista, mientras grita «socialismo o muerte», se prepare para convertirse en los nuevos capitalistas. De momento, ya tienen todo el poder político, militar y económico. Y mucho me temo que, en este preciso momento, Cuba está siendo literalmente comprada... Y no por el exilio de Miami. Tememos que los jerarcas del Partido Comunista Único se conviertan en los capitalistas únicos y el pueblo tenga poquísima capacidad de maniobra. Queremos reconstruir nuestra sociedad aprovechando todos los valores y todas las experiencias positivas. Y también evitando errores, extremismos que se han producido en otras transiciones y que han tenido un mal final.

Suponemos que la salida «a la cubana» no prevé que los Estados Unidos les diseñen su transición.

Nosotros agradecemos mucho a los Estados Unidos la solidaridad demostrada hacia Cuba, pero no estuvimos de acuerdo en que se crease una comisión destinada a elaborar un plan de transición. Este plan corresponde diseñarlo, y también ejecutarlo, a los cubanos.

A los cubanos del interior... ¿y los del exilio?

No podría ser de otra manera. Me choca que tantas ve-

*ces se hable de ellos en términos que se refieren, única-
mente, a su dinero o a sus capacidades. A mí, lo que me
hace más ilusión es el anhelado rencuentro con los cubanos del exilio, que son una parte inseparable de nuestro
pueblo. Un rencuentro sin barreras con nuestros hermanos, en la patria común.*

¿Se ve miembro electo de una futura Asamblea Nacional?

*Dependerá de mi salud, de si es un parlamento elegido
democráticamente, de que esté convencido de que mi candidatura es el mejor servicio que puedo ofrecer al pueblo
y, obviamente, de que el resto de ciudadanos me elijan. Si
se dan las circunstancias, trabajaré para que la ley primera de la nueva república sea «el culto de los cubanos a la
dignidad plena del hombre.»*[16]

¿Ve al pueblo preparado para la democracia?

*Para lo que no está preparado el pueblo es para conti-
nuar viviendo sin democracia. A caminar, se aprende caminando, y a ser libre se aprende siendo libres.*

[16] José Martí, *Obras Completas*. Tomo 4, pág. 270. La Habana,
1975.

Jorge Mas Santos

Presidente de la fundación nacional cubano americana

Uno imagina que la sede de la Fundación Nacional Cubano Americana, en Miami, es un edificio con muchas plantas, poderoso como suelen serlo los de las grandes instituciones norteamericanas. Parece que no puede ser de otra manera, cuando se trata de la Fundación Mas Canosa, la más potente organización del exilio cubano, un lobby con una formidable influencia en Washington, capaz de conseguir que, en el año 1985, el gobierno norteamericano crease Radio Martí [17] y que, en los noventa, el congreso estadounidense aprobase la Ley Helms-Burton. [18]

Cuando un taxi nos deja en el 1312 SW de la Avenida

[17] Radio Martí. Emisora de radio del gobierno norteamericano, creada durante la presidencia de Ronald Reagan para emitir hacia Cuba.

[18] Ley Helms-Burton. Éste es el nombre con que es conocida la Cuban Liberty and Democratic Solidary Act, una ley federal impulsada en el año 1996 por el senador Jesse Helms y el congresista Dan Burton. Establece que el gobierno de los Estados Unidos dará soporte a un proceso democrático en Cuba. Principalmente es conocida porque impide el comercio de empresas norteamericanas con la isla. Tuvo el rechazo de la Unión Europea, Canadá, México y Argentina.

27, nos percatamos de que la sede de la Fundación no tiene nada que ver con lo que habíamos imaginado. Lejos del Down Town, el barrio es más bien modesto y el edificio tiene solamente tres plantas, de las cuales, sólo la superior es ocupada por la Fundación. Ya en su interior, encontramos la misma modestia. Los despachos son sencillos. Lo es también la sala de visitas. Nada sugiere que estamos en una institución que ha tenido 50.000 asociados, con incidencia en demócratas y republicanos. Una institución escuchada por Reagan, Clinton y Bush, que ha sido determinante a la hora de decantar el voto de la comunidad cubano-americana.

En la sede de la Fundación hay mucho movimiento: llamadas telefónicas, idas y venidas constantes, nervios... Hace sólo cuatro días que Castro delegó, temporalmente, el poder. Inmediatamente después del anuncio, la Fundación ha elaborado un comunicado en el que, ante la eventual muerte del dictador, reclama una transición hacia la democracia, pilotada por un gobierno cívico-militar. Durante los días posteriores, medios de comunicación de todo el mundo desean entrevistar a Jorge Mas Santos.

Al llegar a la Fundación, Mas Santos está terminando unas declaraciones y entramos en la sala de actos presidida por un gran busto blanco de José Martí. La presencia del héroe nacional cubano tiene todo el sentido. Si una cosa fue Martí en su corta, aunque fructífera vida, fue un exiliado. La imagen de Jorge Mas Canosa, padre del actual presidente, se encuentra también por todas partes. Fue él quien, en el año 1981, creó la Fundación para sacar la lucha por la libertad de Cuba del Little Havana de Miami y llevarla hasta Washington. Se aprecia en el ambiente que su herencia es muy determinante. Cuando murió el 23 de noviembre de 1997 se dijo: «*Será muy difícil calzar sus zapatos*». Más de cien mil personas fueron hasta el cementerio de Woodlawn de Miami, para despedirlo. El presidente Clinton envió un mensajero diciendo que estaba muy triste por la desaparición «*de un incansable luchador a favor de una Cuba libre*».

Quien tenía más conciencia de las dificultades para calzar sus zapatos era, sin dudas, su hijo mayor Jorge Mas Santos. Él fue quien lo relevó, tanto al frente del imperio empresarial familiar, MasTec Inc, como de la Fundación. «*Sustituir a mi padre como hombre de negocios –afirma–, no ha sido nada fácil. Su historia es un claro ejemplo del sueño americano. Cuando a principios de los años sesenta llegó a Miami, trabajó de estibador en el puerto, lavó platos en hoteles de Miami Beach, fue repartidor de leche en Little Havana... Pero acabó, finalmente, tirando adelante una empresa de redes de telecomunicaciones, con presencia en el sur de los Estados Unidos, en Brasil, en Argentina y en España. Un día tocó la campana que inaugura la Bolsa de Nueva York. Era el día en que las acciones de la empresa familiar, MasTec, salieron al mercado.*»

Cuando murió, las acciones de la familia en la empresa alcanzaban un valor de 700 millones de dólares.

Mas Santos hacía tiempo que trabajaba en la empresa cuando su padre murió. Comenzó a involucrarse en ella a mediados de los años ochenta, cuando terminó la carrera y un máster en económicas. A medida que la Fundación iba requiriendo más y más tiempo de Mas Canosa, Jorge fue tomando las riendas del negocio. Así fue como empezó, muy pronto, a controlar los cableados de fibra óptica de las ciudades norteamericanas y el establecimiento de redes aéreas o soterradas en poblaciones de Sudamérica o de la América Central. Con esta experiencia, la gestión al frente de la empresa apenas notó la desaparición del padre. Únicamente los problemas de SINTEL, una filial de la Telefónica española, han enturbiado el balance de Mas Santos como empresario.

Llevar el timón de la Fundación Nacional Cubano Americana ha sido mucho más complicado. No es fácil sustituir a un hombre con la biografía política de Mas Canosa, el líder más importante que jamás haya tenido el exilio cubano. No es tarea fácil sustituir a un hombre que luchó contra Fulgencio Batista, que en 1959 se marchó de la Cuba de Castro, que participó en la invasión a la bahía de Cochinos, o que en 1983 consiguió que Ronald Reagan participase en un acto de la Fundación en Miami.

Frente a este currículum político, el de Mas Santos, al morir su padre, es una página en blanco. Cuando en 2001 comenzó su campaña para ser presidente, todos los miembros de la Fundación recibieron una carta anónima, cuya procedencia no se sabía si era Miami o La Habana, que pretendía desacreditarlo. En ella se decía que no tenía carisma, que nunca le había interesado la política, que su madre Irma no lo consideraba idóneo para liderar la Fundación, y que no hablaba bien el español. A pesar de estas difamaciones, la asamblea de la Fundación, reunida en Puerto Rico, lo eligió como presidente.

Y como presidente se enfrentará luego al ala dura de la Fundación. Las divergencias serán de diversa índole. A diferencia suya, no ven con buenos ojos el Proyecto Varela, pero tampoco que en los Grammy Latinos participen músicos residentes en la isla.

La primera impresión que tenemos al ver a Jorge Mas Santos es que es más joven de lo que nos habíamos imaginado –tiene sólo cuarenta y tres años–. Viste una guayabera blanca. Esta prenda, que era típica del mundo rural cubano, se ha convertido en la indumentaria de las grandes ocasiones.

A pesar de ser días muy intensos, finalmente logramos la tranquilidad necesaria para tener una larga conversación con él.

Jorge, ¿es difícil calzar los zapatos de Mas Canosa?

Es muy difícil. Él era el gran líder del exilio cubano, el presidente de la Fundación, la figura contrapuesta a Fidel Castro...

Hay quien dice que la muerte de su padre fue muy sospechosa y que no sería la primera vez que un agente de un país comunista inoculase alguna sustancia a una persona...

Es posible. La suya fue una enfermedad muy rara. Un cáncer muy extraño, con un protocolo médico que no es muy habitual. ¿Más allá de ello? No quiero darle muchas vueltas. Éste fue el camino que Dios escogió para él, y yo no quiero perder ni un minuto pensando si lo envenenaron o no. Quizás algún día los archivos de La Habana nos lo revelarán, y sabremos si fueron los búlgaros o los rumanos...

¿Algún día trasladará los restos de su padre a Cuba?

Sin ningún tipo de dudas. El día que haya libertad lo enterraremos en Santiago, la tierra donde nació. Él, aquí, está provisionalmente.

Usted no ha estado nunca en Cuba...

No. He nacido aquí, en Miami.

Hay mucha gente de su misma generación, en cambio, que no ha salido nunca de la isla. ¿A ellos, qué les podría decir?

La diferencia, entre ellos y yo, es que mis padres salieron y los suyos no. Yo he podido criarme con libertad y vivo en un sistema donde puedo existir como individuo. Ellos no tienen esta libertad individual, porque Fidel y Raúl Castro se la han arrebatado. ¿Qué les puedo decir? En los últimos años yo me he podido reunir con mucha de esa gente, a medida que iban saliendo del país. En sus ojos no había esperanza. Y yo les he expresado mi convencimiento de que, con un sistema abierto, libre y democrático, las posibilidades se multiplican.

Sin haber pisado nunca tierra cubana, ¿cuál es su Cuba?

Mi Cuba es la Cuba que mis padres evocaban cada día de mi infancia. Es el tema de conversación a la hora de cenar y, sobre todo, es el país al que teníamos que regresar mañana, el próximo mes, el año siguiente... ¡el regreso era inmediato! Mi Cuba es, en definitiva, la que estaba permanentemente en la boca de mi padre.

¿El exilio se vivía con la angustia de regresar?

No, en aquel exilio no era angustia lo que había. Había deseos de regresar, eso sí, y el lógico dolor de una gente que tuvo que marcharse de su país. En las reuniones que mi padre hacía en casa, había hombres a los que le habían fusilado familiares, habían sufrido persecuciones, habían participado en un intento de invasión de la isla. Pero al margen de todo esto, mis recuerdos de infancia son los de una casa muy alegre.

¿Recuerda cuando su padre trabajaba de lechero?

La imagen la tengo, pero no sé muy bien si es un recuerdo real o inducido por las fotografías de esa época, que miro con mucho afecto. En esas fotos veo el reflejo de aquel exilio en que se tuvo que luchar tanto, pero que consiguió salir adelante. Sí, mi padre repartía leche y mira hasta dónde llegó...

¿Hasta qué punto las nuevas generaciones de cubanos, que no han vivido en su propia carne aquella experiencia, sostendrán la antorcha de ese exilio?

La lucha de ese exilio ha sido, en realidad, no olvidar. El castrismo en su plan decía: esos exiliados, con tantos años que hace que están fuera de Cuba, con esa droga que es el éxito, instalados como están en el dólar americano, se olvidarán de Cuba. Pues bien, ni mi generación, ni la generación de los más jóvenes que yo, nos hemos olvidado de Cuba. Nuestros padres y abuelos inculcaron en nuestros corazones el sentimiento de patria y nosotros, más allá de la prosperidad material, debemos contribuir a que la libertad regrese a Cuba.

Leyendo todo lo que se ha publicado sobre su padre, nos hemos convencido de que la Fundación no es una entidad al servicio de los Estados Unidos, tal como quiere hacer ver la propaganda castrista, sino a la inversa. Sin la presión de Mas Canosa, los Estados Unidos nunca habrían dedicado tanta atención a Cuba.

Creo que es una interpretación correcta. Mi padre tenía

un planteamiento: si sueñas, lo consigues. Eso es lo que siempre hizo, ¡pensar en grande! Era un hombre que tenía ideas y que perseveraba porque se hicieran realidad. Recuerdo, por ejemplo, la primera vez que habló de conseguir que el gobierno americano pusiese una estación de radio para emitir hacia Cuba. Todo el mundo le dijo: «¡Estás loco! ¡Eso no ocurrirá nunca!» Bien, Radio Martí hace más de veinte años que emite. La misma idea de crear la Fundación era también muy ambiciosa. No se trataba de crear una organización más. Se trataba de crear una organización muy potente. Y bien, también lo consiguió.

Y en unos años en que el exilio de Miami tenía una imagen bastante mala...

Si se creó la Fundación fue, también, para mejorar el concepto que la sociedad norteamericana tenía de la comunidad cubano-americana. Que era extremadamente negativo. Se tenía que trabajar por hacer de la comunidad un grupo respetado y poderoso no sólo económicamente, también en lo político. Deben tener en cuenta que los primeros congresistas y senadores que pasaban por el despacho de mi padre venían con la idea de que los cubanos éramos como una especie de cara-cortada, como los de la película Scar-face. Venían pensando que éramos seres extraños. Visitándonos se han ido dando cuenta de que somos seres humanos, que tenemos casa, coche, hijos...

Todo lo cual no impide que la propaganda castrista siga acusándolos de terroristas, una acusación que, con indicios o sin ellos, ha minado en buena parte de la opinión pública mundial.

Durante años se ha intentado crucificar al exilio cuba-

no presentándolo como lo que no es. Sí, lo más suave que ha dicho la maquinaria propagandista es que hemos financiado actuaciones terroristas. Es ridículo. Pero bien, si lanzan esta acusación tan grave, que alguien pruebe alguna cosa. Que muestre un hecho, un dólar, un fax, un cheque... algo que pueda implicar a mi familia. Pero no se angustien: ¡no encontrarán pruebas, porque no existen!

¿Se trata de aquella estrategia de Goebbels de que una mentira repetida mil veces acaba siendo una verdad?

Exacto. Las acusaciones son constantes, constantes, constantes. Hablan de temas de hace treinta, cuarenta años... ¿La gente se las cree? Lamentablemente, sí. Al final, es que ya no hago ni caso. Si quisiese rebatir todas las falsedades que promueven, no tendría tiempo para nada más.

¿Es cierta aquella frase que se le atribuye a su padre y que era algo así como: «*El futuro de Fidel Castro es una bala en el centro de su cabeza o el exilio en Corea del Norte*»?

Yo nunca la había escuchado. ¡Una frase de este tipo no estaba en el espíritu de su pensamiento! Mi padre, al igual que yo, era una persona creyente. Tanto es así que, si miran el debate de mi padre con Alarcón verán que, hacia el final, dice: «Yo rezaría por el alma de Fidel Castro.» A muchos miembros de la Fundación esta afirmación les enfureció. «¿Cómo puedes decir eso?», le echaban en cara. Pues bien, esa afirmación ayudó a que la audiencia le diese la máxima credibilidad.

¿Se está refiriendo al debate que su padre sostuvo con Ricardo Alarcón de Quesada, presidente de la Asamblea Nacional Cubana, en 1996 en la CBS?

Sí. Si alguien desea conocer de verdad a mi padre, sin prejuicios, lo encontrará en aquella entrevista. Allí está el Mas Canosa directo, vivo, hablando de la represión del régimen con nombres y apellidos, de presos, de torturas, de los actos de repudio, de las purgas dentro del propio régimen... Allí está Mas Canosa pidiendo libertad y democracia.

Cuando el régimen les lanza unos ataques tan furibundos está reconociendo, de alguna manera, la fuerza de la Fundación. El gobierno no perdería su tiempo con una organización insignificante...

Exactamente, tenemos que ser capaces de ver la parte positiva de estas ofensivas: toda esa propaganda ha servido para poner el nombre de la Fundación, de Mas Canosa y de Mas Santos, en los labios y en el pensamiento de todos los cubanos. Han promocionado nuestros nombres a un nivel que, de otra manera, jamás habríamos conseguido. De todas formas, para mi objetivo de conducir nuestra lucha hacia la moderación, no es nada bueno que nos presenten como terroristas o como gente de extrema derecha.

Para opiniones públicas como la española, el estrecho vínculo de la Fundación con José María Aznar reafirma la percepción de que están muy a la derecha.

La Fundación no se ubica en el espectro político, porque no es un partido; sino en la reivindicación de la democracia. Nosotros, con esta idea, nos hemos dirigido siempre a todas las fuerzas políticas, a las de Norteamérica y a las españolas. Lo que sucede es que no en todos los sitios encuentras la misma receptividad. Nosotros nos hemos dirigido al PSOE y al PP. Pero sólo el PP nos ha escuchado.

Ya que estamos hablando de temas relacionados con España: ¿qué pasó en Sistemas e Instalaciones de Telecomunicaciones (SINTEL)?

Compramos SINTEL a Telefónica en 1996 con la voluntad de reforzar la internacionalización de nuestra empresa, haciendo lo que ya habíamos practicado en los Estados Unidos y Latinoamérica. También teníamos la voluntad de estar presentes en España porque podía significar un puente hacia Cuba, hacia la Cuba futura. Era un proyecto viable, sólido, que aportaba un gran valor a nuestra empresa, pero también a la economía española, a los empleados, a los clientes. Desafortunadamente se convirtió en el espacio para una guerra política que no podíamos ni siquiera imaginar. Cuando llegué a las oficinas y empecé a encontrarme con rótulos de «Viva el Ché», «Viva Fidel Castro», «Abajo Mas Canosa y los terroristas», tuve el presentimiento de que la embajada cubana se estaba gastando el dinero para entorpecer nuestra presencia económica en España. Lo que no me imaginé fue que el sindicato mayoritario desencadenaría una férrea oposición, más en consonancia con los dictados de la embajada, que con los intereses de los propios obreros. Fue muy triste, pero fue lo que sucedió. ¿Volvemos a hablar de la Fundación?

Sí. Al morir su padre, ¿usted introduce una nueva dinámica?

El primer objetivo era asegurar la continuidad, contando con la misma fuerza de siempre. A veces, con la pérdida de un gran líder, la institución desaparece. Yo tenía que asegurar que la Fundación siguiese el legado de mi padre, nutriéndose, a la vez, de una nueva generación. Consolidado este objetivo, comencé a orientar su funcionamiento en el sentido en que, según creo, debe avanzar.

¿En qué sentido?

En dos: dejando a un lado todo el debate del embargo, que nos desgastaba sin llevarnos a parte alguna y enfatizando en toda la temática de los derechos humanos, la libertad y la democracia. Teníamos que cambiar el discurso hacia Cuba.

¿Pero su padre no había sido un hombre clave en el mantenimiento del bloqueo? Él fue el principal impulsor de la Ley Helms-Burton. Y, si no estamos mal informados, todavía en el año 2000 la Fundación se gastó un montón de millones de dólares haciendo duras campañas publicitarias en los estados donde existían congresistas partidarios de atenuar el bloqueo.

Antes de que les responda la pregunta conviene que les aclare algunas cuestiones. Primero: una cosa es un bloqueo y otra muy diferente es un embargo. Con un bloqueo de verdad, de esos que no dejan entrar ni salir nada de un país, hoy no estaríamos aquí, sino en La Habana. Sobre Cuba, los Estados Unidos tienen un embargo. Se trata de una ley norteamericana que el Congreso tiene todo el derecho a aprobar. Cuba, no obstante, puede comerciar con trescientos países. Puede comprar alimentos y todo lo que quiera en otros lugares del mundo. Los Estados Unidos no son el único mercado. Pero al régimen castrista le interesa, como es lógico, evidenciar que está bloqueado, porque de esta manera justifica la falta de abastecimientos y responsabiliza de tal situación a los Estados Unidos. Se trata, como salta a la vista, de una burda manipulación. Si en Cuba faltan las cosas más elementales no es, entonces, por culpa del embargo, sino por la incapacidad del régimen y de su sistema económico de garantizar lo primor-

*dial a su pueblo. El problema no es del embargo america-
no, sino del embargo que Castro ha impuesto a todos los
cubanos.*

Ahora nos queda claro...

*Aclarado este aspecto, les explico las razones por las
que, con toda intención, hemos desistido de hablar sobre
este tema. Cuando me eligieron presidente de la Fundación,
en todas las entrevistas que me hacían, el embargo apare-
cía en la primera pregunta. Y se me hacía evidente que ir
dando vueltas a este tema, que no era central en el debate
sobre la libertad de Cuba, no nos permitía avanzar al ritmo
deseado. ¿Es positivo el embargo? ¿Es negativo? Ya no lo
sé. Sí sé que en su momento el tema se planteó de una determinada manera y, ahora, es imposible cambiarlo. Pues
bien, dejémoslo. Hablemos de otros temas. Pongamos luz,
por ejemplo, sobre las permanentes violaciones de los derechos humanos. ¡Esencial! Pues bien, he conseguido el objetivo: ahora ya no me preguntan por el embargo.*

Esta decisión supone que el núcleo principal del debate ya
no se encuentre en Washington, sino en el interior de Cuba. ¿Era consciente de este desplazamiento del punto de
interés?

*Completamente. Queríamos poner un punto de luz que
enfocase la disidencia interna. Entre otras cosas porque tenemos la absoluta convicción de que la solución de Cuba
tiene que nacer desde dentro. Ni la Fundación, ni los Estados Unidos, invadiremos Cuba. No enviaremos barcos.
Algo así no está ni en la imaginación del más fantasioso.
Llegados a este punto, ¿qué tenemos que hacer? Pues, ayudar a los que están luchando dentro de Cuba. Y comenza-*

mos a hacerlo en un momento en que la oposición interna tomaba vuelo y el aparato represivo estaba a la defensiva. Yo creo, modestamente, que hemos ayudado. De manera que la disidencia ha pasado, de tener alguna figura que era entrevistada en medios marginales, a situarse en el eje central del debate cubano; no sólo en los Estados Unidos, también en la Unión Europea y en España.

Estas dos medidas: obviar el embargo y hablar de la disidencia, ¿fueron compartidas por todos?

Alguna gente, en Miami, dijo: «La Fundación está cambiando». Y no era cierto. Simplemente enfatizábamos allí donde el régimen castrista era más débil. Cambiábamos el debate intentando, entre otras cosas, criminalizar en vida a Fidel Castro.

Criminalizar a Castro. ¿Eso quiere decir que la historia no lo absolverá? [19]

No. La historia no lo absolverá. Hace catorce o quince años, cuando Mas Canosa dirigía la Fundación, había mucha gente que todavía consideraba que Castro era un revolucionario, un hombre bueno. Hoy, todo el mundo ya tiene claro que es un tirano. Bien, éste era el objetivo que yo perseguía y al que, en parte, debo haber contribuido.

De usted se ha dicho que se había acercado a los demócratas...

---

[19] «La historia me absolverá», (octubre de 1953) título del alegato histórico pronunciado, como autodefensa, por Fidel Castro Ruz, ante el tribunal que lo juzgaba por liderar el asalto perpetrado a los cuarteles Moncada, en Santiago de Cuba, y Carlos Manuel de Céspedes, en Bayamo, el 26 de julio de ese mismo año.

¡Uf! De esas controversias no se debe hacer mucho caso. Yo, en la política norteamericana, puedo tener mis preferencias, pero se trata de una cuestión particular mía, que tiene la relevancia que tiene. Como responsable de esta institución tengo, sin embargo, que preservar su independencia. Ésta es una organización cubana, americana y patriótica. Nosotros no podemos estar al servicio de ningún tipo de interés económico, ni de ningún partido norteamericano. Nosotros nos debemos, por encima de todas las cosas, a los intereses del pueblo cubano.

¿Éste es uno de los puntos de fricción con el sector «duro» de la Fundación que, en octubre de 2001, se escindió para formar el Consejo para la Libertad de Cuba?

Siempre he dicho que la Fundación tiene las puertas abiertas a todos los cubanos que deseen luchar por nuestros mismos ideales. Hoy tenemos más gente que nunca. Me siento privilegiado de poder contar con el apoyo de tantos hombres y mujeres. Yo puedo hablar en su nombre. No puedo hablar, en cambio, en nombre de los que se fueron. Son ellos quienes tienen que explicar por qué, en su momento, se marcharon para defender los intereses norteamericanos, antes que los intereses del pueblo de Cuba.

Desde el Consejo se envía el mensaje de que ellos se mantienen fieles a los principios de Mas Canosa...

El legado de Mas Canosa vive en la Fundación. Vive aquí, ahora y siempre, y no en otro lugar.

Pocos días antes de saberse la enfermedad de Fidel Castro, el presidente Bush visitó Miami y se reunió con gente del Consejo en el Restaurante Versailles. ¿No se vio con ustedes?

No. Se vio con un pequeño grupo de personas que contribuyó con dinero a su campaña. Con nosotros no.

¿Eso quiere decir que ahora la Fundación no tiene diálogo con la administración norteamericana?

Por supuesto que tenemos diálogo. Si miran la declaración del presidente Bush en relación al traspaso de poder de Castro a su hermano y examinan nuestra declaración, verán que son idénticas. Con la administración tenemos un diálogo muy fluido. Lo cual no quita que, si yo creo que para defender al pueblo cubano tengo que criticar esta administración, con el mayor respeto, lo haré. Yo estoy de acuerdo con Bush en muchas cosas. Pero en otras no y lo digo. Por eso la Fundación es la Fundación. Por eso la gente nos respeta.

¿Cómo se valora desde la Fundación el Plan de Apoyo a una transición en Cuba, presentado por Condoleezza Rice?

Nos parece un plan muy correcto, respeta la soberanía de Cuba, dice a los cubanos que es a ellos a quienes corresponde liberar la isla, y que los Estados Unidos están dispuestos a darles apoyo. ¿Qué quiere decir darles apoyo? Quiere decir que, durante la transición, los Estados Unidos están dispuestos a ofrecer ayuda humanitaria y económica. El plan deja claro que el proceso es una cuestión interna de los cubanos y las cubanas. Pero que si se orienta hacia la democracia, ellos ayudarán.

¿Qué rol deberá tener España en este proceso?

Yo creo que España tendrá un gran protagonismo en la transición. Un rol mucho más importante del que pueden tener, incluso, los Estados Unidos. En España, en Euro-

pa, se entiende mejor que la lucha contra Castro es una lucha a favor de los derechos humanos y de la libertad.

El otro tema de discrepancia con la gente que actualmente está en el Consejo fue el Proyecto Varela. Ellos lo han
calificado de «dialoguero». Usted, en cambio, fue el primero que le habló de él al ex presidente Carter quien, después, hizo referencia al Proyecto en una conferencia en La
Habana, retransmitida por la televisión cubana.

*Yo no estoy de acuerdo con cada punto del Proyecto
Varela, pero es injusto tildarlo de dialoguero. Es un Proyecto que, por razones de estrategia, intenta trabajar desde la situación presente. Pero es evidente que el sistema
castrista no sobreviviría al Proyecto. Así, es erróneo caer
en la trampa, como cayó una parte del exilio, de atacar el
Proyecto y al hombre que lo impulsó. Nosotros le dimos
nuestro apoyo y después, también se lo hemos dado a los
hombres y mujeres que, por haberlo promovido, fueron
metidos en prisión. Creo, por otro lado, que fue una iniciativa que demostró la madurez que tiene la oposición
dentro de Cuba.*

¿Su padre le habría dado el mismo apoyo? ¿No habría sido más favorable a una estrategia como la que representa
la Asamblea para Promover la Sociedad Civil, de Martha
Beatriz Roque?

*Sí, habría dado apoyo al Proyecto Varela sin ningún tipo de dudas. Nosotros damos soporte a todos los programas de buena fe que nacen en el interior, los de Payá, los
de Martha Beatriz Roque y los de Vladimiro Roca. ¡A los
de todos! Nosotros no podemos tener favoritos entre los
opositores, sabiendo que las iniciativas de todos suponen*

un esfuerzo formidable y que padecen el intento del régimen de infiltrarse, la voluntad de destruirlos sea como sea.

Ahora que todo el mundo especula, ¿estos son nombres claves para emprender un proceso de transición?

Son nombres muy importantes, con un bagaje que los convierte en muy capaces. Yo no sé, realmente, qué rol les puede corresponder, qué destino tendrá cada uno. Probablemente Vladimiro, por lo que representa, socialdemócrata, hijo del fundador del Partido Comunista, ¿puede ser un puente con el régimen? No lo sé. La Fundación apoyará a aquel que quiera encaminar a Cuba hacia la libertad y la democracia.

Estos días en Miami hemos estado hablando, entre otros, con Juan Carlos Acosta, representante del Partido Socialdemócrata en el exilio. Acosta nos ha dicho: «*No pasará, pero creo que tendríamos que negociar, incluso, con Raúl Castro, si él estuviese dispuesto a abrir un proceso de diálogo nacional. Hasta con Fidel en su lecho de muerte tendríamos que hablar, si se diesen las circunstancias. Y es que en este conflicto, más que la justicia histórica, lo que tenemos que buscar es el bienestar futuro de la nación.*» ¿Está de acuerdo?

Lo que está ocurriendo en estos días nos permite entrever la oportunidad de abrir una transición en Cuba. En este escenario, nosotros haremos todo lo que esté a nuestro alcance para propiciar una solución que supere a Raúl.

¿Con Raúl existe alguna posibilidad de diálogo?

No.

¿Y con algún otro salido del régimen?

Podemos hablar con cualquiera, excepto con Fidel y Raúl.

¿Un Suárez o un Gorbachov de la situación, servirían?

Siempre he dicho que estamos dispuestos a hablar con gente salida del régimen y con voluntad de avanzar. El Juan, Pedro o Jorge Pérez salido del régimen sirve, siempre que por el camino no empiece a fusilar gente. Estamos dispuestos a hablar con personas decentes. Hay militares con los que estamos abiertos al diálogo. Con los puros, la gente del general Ochoa,[20] por ejemplo, estaríamos dispuestos a hablar.

En rueda de prensa ustedes han propuesto que un gobierno cívico-militar sea el que dirija la transición y prepare unas elecciones libres. ¿No es como hacer una proclama en el desierto?

Es un mensaje directo a los militares. Les pedimos que no acepten la sucesión. Es un mensaje para aquellos que, posiblemente hoy, se están enfrentando a Raúl Castro. Que sepan que podrán contar con el apoyo de los americanos y del mundo libre. Que sepan que su riesgo no será en vano.

[20] Arnaldo Tomás Ochoa. General de Brigada, héroe de la Revolución y de Angola, hombre próximo a Fidel Castro, fue fusilado junto a otros militares en el año 1989. Se le acusaba de ser el responsable de toda una trama de narcotráfico. En la sentencia influyó, seguramente, el contenido de las conversaciones que Ochoa y otros militares mantuvieron durante una cena. En esas conversaciones, grabadas por la Contrainteligencia de las Fuerzas Armadas, se habló del malestar que existía en la sociedad cubana y en diferentes estamentos militares. El fusilamiento del general Ochoa fue un terremoto en las más altas esferas de la «nomenclatura».

¿Alguien se arriesgará?

Yo pienso que sí.

Todo lo que nos dice tiene múltiples derivadas. Cuando habla de «transición» como aquello deseable delante de la sucesión, nos está diciendo que la ruptura no es posible. Cuando lo confía todo a los militares, ¿quiere decir que ni el pueblo, ni la oposición interna, ni el exilio tienen la palanca del cambio?

Yo los escenarios que tengo en cuenta, a corto término, son: la sucesión si Raúl prevalece, o la apertura de un proceso transitorio si se impone otro general... ¿Si gana este otro general habrá elecciones libres? No necesariamente. Pero es un cambio positivo. Delata que el régimen se está descomponiendo, hace visible que la era de Fidel Castro se está terminando y, con ese capítulo cerrado, ¡un cambio nos conduce a otro cambio! En nuestro caso, lo peor es el mantenimiento del statu quo. *En el actual contexto es muy difícil, sinceramente, que la disidencia interna pueda influir en el proceso.*

¿Pase lo que pase, la democracia acabará llegando?

Esto va irreversiblemente hacia la democracia. No sabemos ni el timing, *ni el cómo. No sabemos qué pasará a, b, c... La degradación del sistema es, de todas formas, tan grande que no tiene ninguna posibilidad de autoregenerarse.*

A Fidel no lo habrán derrotado nunca. Morirá en su cama. ¿No se sienten frustrados por ello?

Evidentemente que nos habría gustado más ganarle en unas elecciones. Indudablemente que nos habría gustado poder juzgarlo por todos los crímenes que ha cometido. Nosotros, como es lógico, no trabajamos en la abstracción, sino en las condiciones que la realidad nos presenta. En estas condiciones, lo más importante es acelerar la libertad del pueblo.

¿Qué pasará con la Fundación cuando en Cuba haya democracia? ¿Qué función tendrá?

Quiero pensar que estos años en el exilio han constituido la primera etapa de la vida de la Fundación. En mi sueño de una Cuba libre, la Fundación será una institución involucrada en el ámbito político, social y económico que defienda el ideal de la libertad y de la institucionalización de un sistema democrático. En la Cuba de 1959 había hombres y mujeres muy valiosos con este ideal, pero no existían organizaciones que lo defendiesen. Espero que una Fundación con este norte pueda ser nuestro regalo al pueblo cubano.

ALEXIS GAINZA

EL FACTOR SUECO

Alexis Gainza sabe el día exacto en que se convirtió en disidente. Él era, sin duda, un hijo del régimen instaurado en 1959: «*Más que hijo de mi padre y de mi madre, yo soy un hijo de la Revolución.*» Nacido en La Habana, desde muy pequeño, con sólo cinco años, ya lo separaron de sus padres para llevarlo a estudiar a Boyeros, cerca del aeropuerto José Martí. A los once se fue a la isla de Juventud. Allí estudiaba cuatro horas y trabajaba cuatro más recogiendo cítricos y realizando labores agrícolas. Formaba parte de una brigada de voluntarios que, dispuestos a hacer tareas extras, acababan trabajando sábados y domingos, a cualquier hora. «*Se incitaba al sacrificio, a la entrega y al desprendimiento ilimitados, lo cual terminaba siendo un abuso programado y desmedido*», afirma. Aunque lo peor era que sólo podía ver a sus padres tres días al mes. «*En aquel sistema educativo semicarcelario, la violencia y el maltrato no eran la excepción, sino la regla. Vivíamos con una gran sensación de desamparo que, asumíamos, porque no teníamos otros puntos de referencia para juzgar si aquello que vivíamos era o no correcto. Indiscutiblemente, toda esa historia ha marcado nuestra psicología.*»

Cuando sus hijos, que ahora tienen diez y dieciséis años, tenían cinco, Gainza se preguntó qué era necesario que pasase para desprenderse de ellos. Y se respondió que por nada del mundo lo podría hacer. Que su historia en Boyeros, en la isla de Juventud, era del todo inaceptable. Ningún padre debería haber permitido que una institución le secuestrase a su hijo, por más que pudiese ofrecerle una educación «maravillosa». ¿Cómo pudieron sus padres –y tantos otros–, dejarlos en manos del estado? ¿Qué tipo de resortes puso en práctica el régimen para conseguir que los padres le entregasen a sus hijos? ¿Condicionamientos de qué índole actuaron para que, en Cuba como en ningún otro lugar, en un experimento de una magnitud colosal, los niños fueran sustraídos de las familias para ponerlos bajo la tutela del régimen? Para Gainza, este experimento está íntimamente relacionado con la biografía del Comandante en Jefe.

Siendo niño Fidel, una beca lo llevó a Santiago de Cuba. Allí, lejos de sus padres, tuvo una vida llena de penurias. «*En su razonamiento –explica Gainza–, allá, en Santiago se forjó el revolucionario que fue a parar a Sierra Maestra. Siendo Comandante pretendió que el proceso se produjera a escala general en toda Cuba y que de una vida espartana surgiera un revolucionario. Lo único que consiguió fue, sin embargo, una orfandad nacional.*»

En cualquier caso, el Alexis adolescente era un muchacho ejemplar, trabajador, estudioso que, en el año 1986, fue enviado a estudiar Etnografía a la Facultad de Historia de Leningrado. Miembro de la Unión de Jóvenes Comunistas, formaba parte de la élite de los futuros cuadros que Cuba enviaba a estudiar a la URSS, la Meca del socialismo. En la ciudad de las noches blancas, entonces Leningrado, hoy San Petersburgo, Gainza vivió intensamente. Se casó con una rusa. Asistió al nacimiento de la perestroika, de la Glasnost y de todo un conjunto de reflexiones sobre la Unión Soviética que se podían aplicar en Cuba. «*Todo era tan similar, tan parecido.*»

En Rusia, Gainza empezó a tener un punto de referencia para juzgar su realidad cotidiana. Y en Rusia vio también cómo la sociedad se enfrentaba a la descomposición del sistema con un gran activismo popular. En Leningrado se gestó su disidencia. Decíamos, por eso, que Gainza sabe perfectamente el día en que se convirtió en un disidente.

«El día 4 de abril es la fiesta nacional de los jóvenes comunistas y, aquel año, 1990, en Rusia también la celebramos. La Unión de Jóvenes Comunistas reunió seiscientos o setecientos jóvenes cubanos. Tomé la palabra para decir tres cosas que, vistas a la altura de este tiempo son una tontería pero que, en aquel momento, no lo fueron. Pregunté por qué en Cuba habían dejado de circular revistas como Novedades de Moscú, Sputnik o Unión Soviética, publicaciones que abordaban con profundidad los procesos de la perestroika. Dije también que no entendía cómo en la prensa cubana se hablaba tan mal del proceso político soviético. Tengamos en cuenta que, en aquel momento, en la URSS, sólo se hablaba de reforma y de transparencia..., y que la democracia o el multipartidismo ni siquiera se habían insinuado. Y finalmente pedí explicaciones de qué había sucedido para que cinco estudiantes cubanos de Moscú se escaparan a otros países. ¿Qué estaba pasando con aquellos muchachos? ¿Por qué los habían amenazado de repatriarlos hacia Cuba? Mi intervención fue recibida con un aplauso general de toda la sala...

cosa que da una idea muy clara de que aquella juventud, supuestamente comunista, "flor y nata" de los cubanos que estaban estudiando en la Unión Soviética, no sintonizaba demasiado con los planteamientos del régimen de La Habana. En todo caso, con una inocencia total, me fui para casa, satisfecho de haber planteado las inquietudes que me rondaban por la cabeza.»

Al día siguiente, 5 de abril de 1990, a las dos de la tarde, Alexis Gainza recibió una visita inesperada en la habitación estudiantil en la que vivía con su esposa rusa y su hijo de dos años. Lo visitó el vicecónsul cubano de Leningrado, el representante de la Unión de Jóvenes Comunistas de Cuba de toda la Unión Soviética y el tutor responsable de supervisar su plan de estudios. Lo invitaron a reunirse con ellos. Lo subieron en un Lada pequeño, y de color blanco, y lo llevaron hasta un albergue universitario. Allí fueron llegando otros estudiantes de su colectivo y diversos funcionarios. Una vez estaban todos reunidos, le dijeron a Gainza que sería expulsado hacia Cuba y que no tendría oportunidad de acabar la carrera. Recuerda perfectamente que, en medio de su asombro, exclamó: *«¡Pero si yo estoy con la Revolución!»*

Cuando salió de la reunión, Gainza lo puso todo en duda. Sintió que aquello que había pasado era una especie de exorcismo político para que sintiese miedo, una cacería de brujas, un escarmiento para él, pero también un aviso para todos sus compañeros. *«Cuando llegué a mi casa, le dije a mi compañera: "Quizás mi planteamiento no es el correcto, probablemente no tengo la verdad, pero tengo derecho a dudar y a no ser reprimido por ello." Yo no estaba preparado para asumir lo que me estaba pasando. No estaba preparado ni política, ni ideológicamente, ni psico-*

lógicamente. Aquel fue, sin duda, el último día que yo estuve alineado con el régimen.»

Sus compañeros, al día siguiente y de manera privada, le dieron un apoyo que no fueron capaces de mostrarle públicamente. Pero él ya había perdido el miedo. Decidió que quería abandonar la Unión de Jóvenes Comunistas. Se leyó los estatutos de la organización y descubrió que eso no era posible. No había modo de darse de baja. «*La única manera posible de causar baja era de forma deshonrosa. No te podías borrar. Sólo te podían expulsar.*» Decidió, pues, dejar de asistir a las reuniones, que era una de las razones por las cuales te podían echar. «*Creo —dice— que fui el primer cubano de la URSS que siguió este camino. Poco después se abrieron las compuertas y las deserciones fueron masivas.*»

Durante unas vacaciones, Alexis aún pudo regresar a la isla. A punto de acabar la carrera, visitó la Academia de Ciencias de Cuba donde tenía un puesto de trabajo que le esperaba, en el Departamento de Arqueología y Etnografía. Se sintió, entonces, más ahogado que nunca. «*Yo estaba sin vendas que me taparan los ojos, en un país de ciegos. Mi situación no era la de tantos cubanos que se sentían insatisfechos. Yo sentía que aquello era intolerable. Sentía que no lo podía aceptar, que no lo podía aguantar, que hablaría... que acabaría en la prisión. Ignoraba que existía un Oswaldo Payá, un Vladimiro Roca... Ni siquiera conocía la palabra disidencia. Tenía veintidós años y lo único que sabía era que dentro de Cuba sería un inconforme.*»

Regresó a la URSS, donde terminó la carrera y el doctorado con una tesis, ya en aquellos años, muy crítica con el régimen. Se trataba de un trabajo sobre los coulís, la comunidad china de Cuba, un grupo caracterizado por su dinamismo comercial y económico, que acabó huyendo del país y de Castro. Concluida la etapa estudiantil, se abrió el camino hacia Suecia, el sitio donde ha podido desarrollarse profesionalmente y que le ha permitido, no sólo ejercer su disidencia, sino convertirse en un referente del exilio cubano. Y es que hoy, sus *Misceláneas Cubanas*, tanto las editadas en formato convencional, como las digitales, son fundamentales para seguir la actualidad de toda la oposición cubana. En esta revista confluyen las facciones más enfrentadas, aquellas que –en otras partes– jamás coincidirían.

¿Por qué eligió exiliarse en Estocolmo? –preguntamos a Alexis Gainza mientras tomamos un café en el restaurante de la Central Station de Estocolmo.

Siempre digo que no elegí Suecia. Es el país que me eligió a mí cuando, en 1991, un amigo me dijo que se podía entrar sin necesidad de un visado. Fue cuando vine.

¿Es por esta misma vía que llegaron los más de tres mil cubanos que, actualmente, viven en este país tan alejado del Caribe?

A partir de los años sesenta comenzaron a llegar algunos de ellos. Venían por diferentes vías, la más importante de las cuales, era el matrimonio. Salieron de la isla por causas políticas y económicas. No es gente a la que podamos, no obstante, calificar de exiliados. El mayor número llegó, de todas formas, a final de los ochenta y principios de los noventa. Eran, como en mi caso, procedentes del antiguo bloque comunista, que estudiaba o trabajaba en la URSS, en Polonia, en Checoslovaquia... Comenzamos a llegar cuando, simultáneamente a la caída del Muro del Berlín, descubrimos que para entrar en Suecia sólo necesitábamos el pasaporte cubano. Este descubrimiento condujo a una emigración en cadena. Llegaban, incluso, personas procedentes directamente de Cuba. Esto se acabó en el año 1994 cuando, después de un período liberal-conservador, en Suecia regresó al poder un gobierno socialdemócrata, que exigía visado a los cubanos. Durante unos años hubo unos cuantos centenares de cubanos viviendo en Suecia en situación irregular, que eran reclamados por el gobierno cubano. Hasta que llegó un momento en que el régimen dejó de reclamarlos. Así, paulatinamente, fueron regularizando su situación y hoy viven aquí.

Bebo Valdés, el cubano más célebre de Suecia, llegó aquí por vía matrimonial. A pesar de ello es un hombre muy crítico con la dictadura.

Bebo Valdés vino a parar aquí porque se casó con una sueca. Él no es un exiliado típico, un disidente. Aunque, ciertamente, no desaprovecha ninguna ocasión para mostrar su disconformidad con lo que pasa en Cuba. Con su laconismo habitual, habla claro: «¡Cuba es una dictadura! ¡A mí no me gustan las dictaduras!»

De esta comunidad, ¿qué porcentaje podemos considerar exiliados políticos?

De los tres o cuatro mil cubanos que vivimos en Suecia, sólo unos veinte, veinticinco, participamos activamente en la lucha política contra el castrismo. En algunas ocasiones estos veinte arrastramos una larga cola de cometa,

donde participa buena parte de la comunidad. La mayo-
ría, ciertamente, no forma parte de la disidencia organi-
zada y, por tanto, en su conjunto, no se les puede consi-
derar exiliados.

Cuando se habla del exilio cubano la gente piensa en Miami, no en Suecia...

Obviamente, Miami ha tenido un gran protagonismo, por la dimensión de la comunidad cubana, por su poder, por su proximidad geográfica y por los lazos históricos que ya existían antes de la Revolución. Pero hay, además, un exilio que va más allá de Miami. O mejor dicho: más que un exilio, es una verdadera diáspora. Hay un exilio pujante en Francia, en Alemania, en Suiza... Y tiene una especial importancia el de España. No sólo por la activi-dad de la Fundación Hispano Cubana, o de otras entida-des como Cuba en Transición o Solidaridad con Cuba. Es-paña, quieras o no, es quien dicta la política europea con respecto a Cuba y, de esta forma, el activismo allí tiene la máxima relevancia. Si a ello sumamos que, por afinidad cultural, el exilio español es el más cualificado intelec-tualmente, de manera que una persona con el prestigio de Raúl Rivero elige establecerse allí, pues ya tenemos la exacta medida de su trascendencia.

El exilio en España cuenta con Raúl Rivero y Carlos Alberto Montaner.

Montaner es una persona muy capaz, ensayista, escri-tor, político. Es muy polifacético. Él y su Unión Liberal Cubana tienen acceso a muchas tribunas. Y, desde todas esas tribunas, ha mantenido siempre un actitud muy fir-me contra la dictadura, pero moderada.

¿Es acertada la percepción de que el exilio europeo es mucho más moderado que el «exilio indomable» de Miami? [21]

Es muy difícil asegurar eso... Veamos: ¿De quién hablamos cuando nos referimos al exilio europeo? ¿de Montaner? Sí, él siempre ha tenido una actitud conciliadora, que descarta completamente la venganza, la revancha... ¿Y qué es Miami? ¿la Fundación Cubano Americana? ¿Qué dicen éstos? Que no aceptan una transición con el dictador actual, ni con su hermano. No quieren pactar con nadie que tenga las manos manchadas de sangre. Preconizan que, una vez desaparecido el dictador, se debe comenzar desde el principio y de nuevo. ¿Se excluye una posición de la otra? Depende de cómo quiera verse. Se puede considerar que Montaner quiere una transición y la Fundación, la ruptura; o se puede creer que todos queremos el cambio...

¿Las diferencias se hacen, quizás, más evidentes en relación a los proyectos que protagoniza la oposición del interior? ¿El Proyecto Varela tiene más soporte en Europa que en Miami?

No. Este debate es igual en Miami que en Europa. Hay quien da soporte al Proyecto Varela porque cree que abre un camino de transición, a partir de la actual legalidad... y hay quien lo rechaza, porque piensa que no se puede aceptar un proyecto que se fundamenta en la actual constitución, considerada ilegítima.

¿Por qué Miami tiene aún tan mala fama?

La propaganda del régimen ha sido muy eficiente cuan-

---

[21] El adjetivo *indomable* hace referencia al libro de Álvaro Vargas Llosa. *El exilio indomable*. Espasa-Calpe. Madrid, 1998.

do ha tratado este tema. Todo lo que ha ido repitiendo sobre Miami, especialmente sobre la Fundación Nacional Cubano Americana, se ha convertido en un cliché. En la actualidad, todo el mundo da por cierto que la Fundación es una entidad rica, que promueve el terrorismo y las acciones bélicas... un conjunto de acusaciones que, hasta donde yo sé, no han podido demostrarse nunca.

El cliché también oculta que en Florida hay posiciones diversas.

Sí. La propaganda castrista ha conseguido asimilar Miami en la Fundación Nacional Cubano Americana, cuando el exilio de Florida es, realmente, muy diverso. Existe desde el Directorio Democrático Cubano, hasta la Coordinadora Socialdemócrata de Cuba. El Directorio toma su nombre de la organización estudiantil liderada por José Antonio Echevarría, [22] *un luchador contra Batista de los años cincuenta, que murió antes de que triunfase la Revolución. Hoy es un movimiento que puede evolucionar hacia un partido de derechas. Tiene gente muy joven, con muchos contactos en los Estados Unidos. Puede tener un papel muy importante. Se ha entregado al activismo y al apoyo a la oposición interna. Dicen estar dispuestos a estar en La Habana cinco minutos antes del desenlace. Frente a él, la Coordinadora Socialdemócrata apuesta por una vía más de izquierda para salir del totalitarismo y, a menudo, afirman sentirse insuficientemente reconocidos por la mayoría del exilio de Miami, lo cual es fácil de entender:*

[22] José Antonio Echevarría. Dirigente estudiantil y del Directorio Revolucionario. Murió a principios de 1957 en un ataque al palacio presidencial, en una acción que pretendía secuestrar a Batista y lograr el control de la capital.

mucha gente no quiere, ni por asomo, oír hablar de nada que se parezca al socialismo. Y bien, en Miami, también está Acción Democrática Cubana, y hace muy pocos meses ha surgido el Frente para la Libertad Total de Cuba que, con unas cuantas firmas de prestigio de todo el mundo, está proponiendo la desobediencia civil para provocar el desenlace final del régimen... Como es evidente, en Miami existen plataformas diversas...

Viendo posiciones tan divergentes, uno tiende a preguntarse: ¿existen puntos de coincidencia?

Obviamente. Hay una cosa, para comenzar, en que hoy todos estamos de acuerdo: en dar todo el protagonismo a la disidencia interior. Desde hace un tiempo hasta la fecha, todos, los de España y los de Suecia, los de Miami de la Fundación y los socialdemócratas, estamos de acuerdo en que el rol principal, debe estar en el interior. Lo cual ha supuesto un cambio sustancial en la historia del movimiento opositor.

¿Cómo se produce este traspaso del protagonismo? Durante muchos años era el exilio norteamericano quien marcaba la pauta. ¿A partir de cuándo se produce el relevo?

El exilio tuvo el protagonismo mientras la disidencia interna tenía un pulso bajo. Cuando no existía el movimiento cívico democrático, el exilio se tenía que mover. No podía mantenerse impasible delante de la opresión que sufría el pueblo cubano. A principios de los años noventa —al caer el bloque socialista—, se comenzó a despertar lentamente el movimiento democrático. La disidencia, dentro del país, comenzó a trabajar cívica y políticamente: se crearon los partidos, sindicatos, organizaciones profesiona-

les, etc. El trabajo, aún así, no salió de la clandestinidad. Se hicieron artículos. Se escribían y se discutían programas. Pero todo quedó dentro de círculos muy cerrados. El exilio continuó teniendo mucho peso en la oposición. El trabajo democrático interior fue madurando y, a principios del año 2000, irrumpió de cara al exterior con proyectos muy potentes, los cuales ya no quedaban cerrados dentro de los circuitos de la disidencia, sino que iban dirigidos a la ciudadanía. Los disidentes, por primera vez, abandonaron la casa, las reuniones de partido, la redacción del artículo clandestino, y se lanzaron a la conquista de la ciudadanía de a pie, del ciudadano común. Cuando esto pasó, el exilio en su conjunto cedió el protagonismo a sus hermanos del interior. Y eso con una conciencia muy clara: será siempre más creída una persona que está en la boca del lobo, que otra que mira, desde lejos, como el lobo devora a su presa.

¿Qué rol le queda a partir de este momento al exilio?

Ahora es el momento de conectar con el pueblo para desvelar su sentimiento democrático. Es el momento de buscar firmas, de tener el soporte ciudadano, tal como lo han hecho el Proyecto Varela, Todos Unidos, la Asamblea de la Sociedad Civil o la Mesa de Reflexión de la Oposición Moderada... Y eso es algo que sólo lo puede hacer la oposición interior. Los del exilio no tenemos esa posibilidad. No tenemos acceso directo al pueblo de Cuba, que es el que vive y padece la dictadura. Nuestro papel, ahora, es dar soporte y ayudar a los que se esfuerzan desde el interior.

Y el día que comience el verdadero cambio, ¿qué papel tendrá el exilio?

Creo que tendrá un papel fundamental. Con su regreso, el exilio aportará experiencia vital de cómo va el mundo afuera, experiencia académica, títulos universitarios, escuelas... Creo, por otro lado, que deberá tener un papel importante a la hora de crear aquellos intangibles que requiere una sociedad libre: instituciones democráticas, un estado de derecho y una cultura cívica. Yo, en todo caso, reivindico que en el momento del cambio nadie puede quedar excluido, nadie debería quedar fuera. El cambio debe conducirnos a la reconciliación y debemos estar todos. ¡También el exilio!

Pero existe la idea de que el exilio sólo regresará para recuperar las propiedades confiscadas...

Ésta es la versión que al régimen le ha interesado vender. No hay –se puede comprobar– ninguna organización del exilio que reclame la devolución de las propiedades y de los medios de producción a sus antiguos amos. Lo que sí es cierto, es que hay una ocupación ilegal de las antiguas propiedades. Esta cuestión se resolverá, pero civilizadamente, en el futuro Parlamento democrático de Cuba. Y seguro que no se legislará a favor de la devolución de las viviendas; primero, porque se crearía un problema social muy grande y, segundo, porque a los antiguos propietarios, casi seguro, no les interesa recuperar una casa degradada, que les costaría más arreglarla que lo que en realidad vale. Es mucho mejor ofrecer una compensación en bonos, emisiones... tal como se hizo en los países del antiguo bloque socialista. ¿Es que alguien ha visto que en aquellos países hubiese un caos por esta causa? ¿Se han hecho desalojos en aquellos países? No ha habido nada de eso. Todo se ha resuelto de una manera pactada, civiliza-

da. En Cuba también se buscará la solución más simple posible. ¡Este problema no existirá!

Y los diferentes grupos de la disidencia interna, ¿cómo debemos entender que se articulan?

Para entender su configuración tenemos que olvidarnos de los esquemas que rigen habitualmente en los sistemas democráticos. Hay, ciertamente, partidos. Más importante que los partidos son, no obstante, las agrupaciones cívico-políticas en el entorno de una idea o de una personalidad. A mí me gusta hablar de constelaciones opositoras. En este ámbito, los parámetros derecha-izquierda no funcionan, –porque, en el fondo– para la disidencia, este debate no es urgente. ¿Qué es lo primordial? La libertad y la democracia. Las diferencias están en cómo se llegue a ellas, si por transición, si por ruptura, si el diálogo es más o menos importante, si se puede aceptar o no una sucesión pactada del régimen... El debate derecha-izquierda se posterga para el futuro.

¿Cuáles son esas constelaciones que menciona?

Para mí existen cuatro grandes agrupaciones cívico-políticas, grandes paraguas que suman partidos, organizaciones sociales, profesionales. La primera es Todos Unidos, que surge de un manifiesto que firman 105 organizaciones. El líder era Oswaldo Payá. En ella se condensaba un programa de 36 puntos para salir del estancamiento político, social... Conflictos internos de los que sabemos poca cosa precipitaron la salida de Payá, de manera que hoy es liderada por Vladimiro Roca que, al mismo tiempo, es el líder del Partido Socialdemócrata. La segunda constelación es la que se aglutina en torno a Payá. La enumero en segundo lugar sin ninguna voluntad valorativa porque, desde el punto de vista de trascendencia es, seguramente, la primera. Impulsora del Proyecto Varela y el Diálogo Nacional tiene como núcleo duro el Movimiento Cristiano de Liberación de Payá y, grosso modo, propone que el cambio vaya de la ley a la ley. Defiende que, partiendo de la actual constitución, arranque un proceso democrático. Arco Progresista es una tercera opción. Liderada por Manuel Cuesta Morúa, de la Corriente Socialista Democrática, agrupa organizaciones de la izquierda democrática. Con una posición socialdemócrata, ha impulsado proyectos como la Mesa de Reflexión de la Oposición (Moral) o la redacción de un proyecto de constitución cubana. Son los que han dedicado más esfuerzo a analizar y hacer propuestas para mejorar las condiciones socioeconómicas de los cubanos. Finalmente, la Asamblea para Promover la Sociedad Civil que, con el liderazgo de Martha Beatriz Roque, dice agrupar a más de 300 organizaciones.

En todo este juego están involucrados los partidos políticos...

Sí, sí. En todo este juego hay cinco partidos políticos. El Movimiento Cristiano de Liberación es un partido democristiano. Gracias a la figura de Oswaldo Payá, su actuación suele tener una gran resonancia internacional. Muchos de sus activistas están actualmente en prisión. Reconocidos por la Internacional Liberal hay dos partidos: el Partido Solidaridad Democrática, de Fernando Sánchez López, y el Partido Liberal de Cuba. El presidente de este último es Héctor Maceda, que cumple una condena de veinte años de cárcel y cuya presidenta en funciones es Julia Cecilia Delgado. En el ámbito del socialismo democrático está el Partido Socialdemócrata, de Vladimiro Ro-

ca, y la Corriente Socialista Democrática, de Manuel Cuesta Morúa.

Es un juego en el que las agrupaciones tienen más que ver con afinidades personales que ideológicas...

Así es, todo tiene un componente muy personal. Sucede que hay partidos de una misma familia que participan en diferentes constelaciones. Tal es el caso de Vladimiro Roca y Cuesta Morúa, ambos socialdemócratas. Roca no forma parte de Arco Progresista, y Cuesta no participa en la plataforma Todos Unidos. ¿Estas querellas debilitan? Uno podría pensar que sus diferencias hacen que los grupos se nieguen unos a los otros. Yo tiendo a pensar que, con todas esas diferencias, más que negarse, se complementan. En su trabajo, continuo, cada una de estas constelaciones ha ocupado un espacio para la democracia y, ocupándolo en nombre de la democracia, se lo ha quitado al régimen. Todos tienen su mérito histórico. El Proyecto Varela ha ocupado un espacio legal, deslegitimando al régimen cuando decía que no había evolución posible. La Asamblea, con su activismo, ha ganado espacio físico y geográfico a la dictadura. Cuando sale a la calle y organiza un acto como el del 20 de mayo de 2005, una asamblea opositora pública y con toda la publicidad, está diciendo al régimen que el espacio público ya no es un monopolio exclusivo en su poder. ¡El acto del 20 de mayo es único en la historia cubana! Todos Unidos insiste mucho en cuestiones económicas y plantea un debate sobre la situación empresarial, salarial..., le preocupa la jubilación, el desempleo. Arco Progresista disputa al régimen el espacio de la izquierda y la capacidad retórica antiimperialista. Si sumas todos estos factores la fuerza que se acumula es considerable.

De todas estas constelaciones, ¿cuál es la que tiene más fuerza?

En un régimen totalitario como el cubano donde la oposición se mueve en la clandestinidad o en unos espacios de tolerancia muy estrechos, es muy difícil saber la fuerza de las organizaciones. El Proyecto Varela tuvo un grandísimo impacto. Por primera vez, numéricamente hubo una cifra, negro sobre blanco, de personas que manifestaban sentirse descontentas con el régimen. El descontento, la insatisfacción con el régimen, sobrepasa ampliamente la cifra de todas las firmas recogidas. Por primera vez hubo, sin embargo, una cifra «oficial» de descontentos. Respondiendo concretamente a la pregunta formulada: no podemos saber, de ninguna manera, la dimensión real de los diferentes grupos opositores. Casi por definición, un régimen totalitario no permite evidenciar las cifras de sus inconformes.

¿En el momento clave, los diferentes grupos sabrán trabajar juntos a partir de los denominadores comunes?

No lo sé. Pero, sí sé que en un tablero democrático todas estas fuerzas, de una manera u otra, se verán reflejadas. Serán necesarias reunificaciones, alianzas, para evitar la saturación de opciones y de partidos... Es muy difícil saber, a ciencia cierta, por dónde se producirán los puntos de unión y por dónde los de fractura.

Cuando llegue este momento, ¿regresará?

¡Sí yo, de hecho, nunca me he ido! Sí, sí, regresaré tan pronto exista la posibilidad real de vivir en Cuba con unos mínimos de garantías.

RAÚL RIVERO

PERIODISTA INDEPENDIENTE

Poeta, periodista y director de la Agencia Cuba Press, Raúl Rivero es un hombre que valora los placeres de la vida. Es feliz cuando, entre amigos, la conversación sobre literatura se alarga hasta la madrugada, entre el humo de los cigarrillos que consume desenfrenadamente. El destino de Rivero era la poesía y, eventualmente, el periodismo. A él le habría gustado que su actividad pública más notoria fueran las tertulias literarias de la Heladería Coppelia y mantener siempre aquellas conversaciones sobre poesía con su amigo, el cantante Silvio Rodríguez,[23] hablando de unicornios y de todo tipo de personajes fantásticos.

Pero en Cuba las cosas no funcionan ni en la Heladería Coppelia, ese mítico lugar, escenario de una de las pri-

[23] Cantautor. Fundador del movimiento de la *Nueva Trova* cubana. Mario Benedetti ha dicho de él que es *«un poeta que canta»*. Militante comunista, desde 1998 es diputado a la Asamblea Nacional del Poder Popular. El 19 de abril de 2003, en el marco de la represión de la Primavera Negra, firmó un manifiesto en el que se afirmaba que Cuba *«amenazada por una superpotencia que quiere imponer una dictadura fascista en todo el planeta, ha tenido que tomar medidas enérgicas para defenderse, medidas que naturalmente no deseaba»*.

meras escenas de la película *Fresa y chocolate*. La pintura de las paredes, como en todas partes, está levantada; el mobiliario deteriorado y las copas de vidrio en que se servían los helados hace ya décadas que fueron robadas por los empleados. En Coppelia, por no haber, ya no hay ni siquiera las cincuenta variedades de helados que, en la década de los sesenta, permitían decir al Comandante en Jefe que los helados cubanos eran muy superiores a los helados norteamericanos de mayor renombre que, entonces, eran los Howard Johnson.

Si en lugar de ser cubano, fuera sueco, danés, catalán o español, Rivero se permitiría divagar sobre universos llenos de unicornios. Si no fuera cubano, se dejaría llevar por su inclinación natural a la elucubración poética. Por su forma de ser, lejos de él la pesada carga que supone el compromiso político. Lejos, también, el cansado y constante batallar del periodismo. Pero Rivero no es sueco, danés ni español. Es cubano y, por eso, más que sus inclinaciones naturales, para él es importante el compromiso a favor de la libertad. Sabe que en Cuba cualquier espacio de libertad, por diminuto que sea, requiere batallar mucho y, durante años, Rivero lo ha hecho con ingenio, con una gran creatividad y demostrando una increíble capacidad de trabajo. Lo hizo hasta que lo apresaron en marzo de 2003.

El proceso de su detención y encarcelamiento fue tan desagradable como el de otros presos de la Primavera Negra. El registro de su casa duró horas y, al igual que en las requisas de los demás detenidos, no encontraron nada significativo. Quizás por eso le confiscaron casetes de Joan Manuel Serrat y las fotos de la su primera comunión, dos documentos de un marcado «interés policial».

Durante el juicio, un vecino testificó que Rivero escuchaba la emisora norteamericana Radio Martí. Dos agentes encubiertos de la Seguridad del Estado, que se habían movido en el ámbito del periodismo independiente, también aportaron su testimonio. El agente Manuel David Orrio, que había llegado a ser presidente de la Cooperativa de Periodistas Independientes, dijo que lamentaba tener que declarar en el juicio porque le impediría seguir siendo infiltrado. El agente Néstor Balaguer, de ochenta años, que había sido presidente de la Asociación de Periodistas, declaró que Raúl Rivero era *«alcohólico»* y que le gustaba frecuentar la Oficina de Intereses Norteamericanos porque allí podía *«comer bien y beber whisky»*. Con estas pruebas, Rivero fue condenado a veinte años de prisión por sus actos *«contra la independencia y la integridad de Cuba»*.

La condena comenzó a cumplirla en la prisión de Canaleta, en Ciego de Ávila, a unos 420 kilómetros de su domicilio de La Habana. En un primer momento lo encerraron en una celda de castigo, después en una celda con veinte presos comunes. Durante este período padeció dos bronconeumonías que derivaron en un enfisema pulmonar. Lo peor fue, no obstante, el aislamiento a que fue sometido por Alexis, su carcelero, quién le negó un ventilador y lo maltrató, además de golpearlo en varias ocasiones. Le retuvo los medicamentos y le prohibió las visitas de su mujer, Blanca Reyes. Por si fuera poco, instigó a los presos comunes en su contra y, en algunos momentos, hasta prohibió que le hablasen. ¡Qué lejos le quedaban los pequeños placeres de la conversación con sus amigos! ¡Qué lejos le quedaba el calor del hogar!

Todas estas circunstancias no eran muy diferentes de las que en Cuba sufren los presos políticos en general. Rivero tenía, afortunadamente, la poesía, esa «*patria íntima*» en la que se refugiaba, lo mismo si estaba en una celda de aislamiento, como si sobrevivía en medio de los presos comunes. Leía ávidamente a Vicente Aleixandre, Cernuda, y a los cubanos Gastón Baquero y Agustín Acosta. También mataba el tiempo releyendo el *Diccionario de uso* de María Moliner y a Bryce Echenique. Pero la lectura más dulce y agradable para él, era la de Borges. Con el argentino cogía el sueño. «*Era fantástico, porque me dormía en un tránsito que iba de mi realidad, hasta las nuevas dimensiones de Borges.*»

Rivero también se dedicó a escribir. Sus poemas de aquellos meses, aplegados en el libro *Vidas y oficios* (2006) [24], no hacen referencia a la prisión. Tampoco tienen el contenido político que sí tienen siempre sus artículos y sus prosas. [25] Se trata de sueños, huidas, referencias a amores y desamores, que le permitían evadirse del «*lu-*

[24] *Vidas y Oficios*, los poemas de la cárcel. Ediciones Península. Barcelona, 2006. La cárcel no aparece como reflejo explícito y directo de lo que, tras las rejas, vive el poeta. Sus textos suponen, de todas formas, un canto libre y, también, el grito de alguien que reclama libertad. La nostalgia del cautivo se hace presente en el homenaje, parábola inteligente, a grandes poetas cubanos que vivieron su exilio, físico o espiritual, fuera o dentro de una patria oprimida y, por ello, incómoda para el verso *libre*. Gastón Baquero, Eliseo Diego, José Martí, José María Heredia, son algunos de ellos. Destacan también los poemas dedicados a su esposa Blanca.

[25] *Sin pan y sin palabras*. Ediciones Península-Atalaya. Barcelona, 2003. Y *Lesiones de historia*. Editorial Aduana Vieja. Cádiz, 2005. Dos obras escritas en prosa que contienen crónicas y artículos de marcado carácter político. No exentos de fuerza poética, son textos imprescindibles para conocer el rostro oculto de Cuba, ése que mejor expresa la esencia de lo que pasa en la dolorosa cotidianidad de los cubanos.

…bien, todos estos periodistas que yo conocía, fueron uy importantes cuando fui encarcelado.» Por otro lado, también habían pedido entrevistarse con él personalidades que habían visitado Cuba, como el primer ministro portugués Guterres, el presidente Aznar, el presidente Fox o el ex presidente Carter. *«Todo esto me dio un protagonismo internacional que, después, me convirtió en un preso político incómodo.»*

La presión diplomática, especialmente española, hizo que, finalmente, el 30 de noviembre de 2004, después de veinte meses de prisión, Rivero fuese liberado. La versión oficial decía que era a causa del enfisema pulmonar y de los diversos quistes que tenía en un riñón. Le otorgaron una licencia extrapenal por motivos de salud que permitió su excarcelación.

Cuando llegó al apartamento de su familia en Centro Habana, se encontró la casa llena de parientes, amigos y periodistas... *«Me pareció que era el momento de ratificar voluntades. Expliqué que había salido a la calle sin ninguna concesión. En ningún momento me habían dicho lo que tenía o no que decir. También dije que continuaba creyendo que la única salida a los problemas del país era la apertura política. Nuestra sociedad tiene que ser más plural, más moderna y sin tantos dogmas.»* Cuando le preguntaron si se quedaría en Cuba o se iría, respondió: *«Yo no me quiero ir, pero claro, si no puedo trabajar, tendré que hacerlo. En cualquier caso, pienso aprovechar mi libertad para trabajar, en la medida de todas mis posibilidades, por los compañeros que continúan presos.»* Pocos días después, Raúl pudo comprobar que su licencia extrapenal no daba para tanto. Las autoridades le advirtieron que no podía seguir haciendo declaraciones políticas y que tenía un año para marcharse de Cuba. La aventura de la prensa independiente también se había terminado. «*Ya no quedaba nadie para reiniciar aquel sueño de la prensa independiente, muchos estaban presos y otros sólo querían emigrar.*» Él y su familia también tuvieron que irse.

El 1 de abril de 2005 Raúl Rivero llegó a Madrid. Durante unas cuantas semanas se alojó en un hotel, después se ha ido integrando a la vida madrileña. Nos comenta que está muy contento de cómo ha sido recibido. «*Hay gente que cuando sale de Cuba lo pasa muy mal. Tiene problemas para encontrar trabajo, una vivienda. No ha sido mi caso. He sido recibido con mucho afecto y sólo he encontrado facilidades. Un exilio como el mío es mucho mejor que la vida que teníamos en Cuba. De hecho, yo no me siento en el exilio. Estoy en un lugar donde me siento cómodo tanto cultural como lingüísticamente. Me siento como si sólo me hubiera cambiado de casa.*»

Mientras hablamos, Raúl fuma compulsivamente. El humo se escapa por el balcón abierto de par en par, no sabemos si por la necesaria ventilación o por sentir que, realmente, está en libertad.

¿Qué nos puede decir del periodismo independiente y, más concretamente, de Cuba Press?

Creamos Cuba Press el año 1995, cuando un grupo de seis personas que veníamos del periodismo oficial y que habíamos salido de los medios por diferentes vías, nos decidimos a hacer periodismo, con la voluntad de dar a conocer las cosas que estaban pasando en el interior de Cuba.

¿Qué papel jugó este periodismo en la efervescencia democrática que hubo en los años 2000, 2001, hasta marzo de 2003?

Pues un papel fundamental, porque comenzó a difundirse lo que hacía la oposición. Siempre, en Cuba, habían existido los corresponsales extranjeros. Pero estos nunca se hacían eco de lo que ocurría en el mundo de la oposición. Cuando nosotros comenzamos a hablar, los grandes diarios internacionales no tenían otro remedio que difundirlo. Y hubo un día en que, desde el diario, acabaron llamando a su corresponsal para decirle: «Escucha, que desde ayer hay un tipo preso y tú no nos has dicho nada.» A partir de aquel momento, los corresponsales comenzaron a escribir sobre el movimiento democrático que estaba surgiendo en la isla.

Los grandes medios internacionales, cuando hay una crisis como la de los balseros, ya le dedican una gran atención...

Sí, pero en un momento inicial, fuimos nosotros desde el periodismo independiente, quienes convertimos todos aquellos hechos en noticias. Aunque es cierto, llegó un momento en que el tema había dado la vuelta y toda la prensa internacional ya estaba alerta de todo lo que sucedía al respecto.

Para que comprendan mejor cómo pudo tener lugar este proceso les explicaré una anécdota. Un día, trabajando ya como corresponsal del Nuevo Herald *de Miami, fui a cubrir el juicio a un periodista independiente, para quien pedían tres años de prisión. No tenía coche. Fui en bicicleta. Y estuve presente en la vista. Tomé notas y redacté la noticia. Busqué la casa de un amigo, cerca del juzgado, para llamar al diario. El teléfono no funcionaba. Busqué otra casa y pregunté: «¿Puedo hablar con la redacción de Miami?» y desde el* Herald *me dijeron: «Sí, a través de la televisión, ya te hemos visto en el juicio.» Cuando los grandes medios internacionales siguen estas noticias, quiere decir que una parte de nuestro trabajo ya se ha hecho. ¡Hemos puesto en circulación las noticias no oficiales!*

Periodistas que siguen las noticias en bicicleta, que pasan las crónicas a través del teléfono... Una agencia de noticias, en Cuba, no tiene nada que ver con una agencia de noticias europea o norteamericana...

Ciertamente no tiene nada que ver el periodismo que nosotros hacíamos, con el que se hace en un país libre. Lo primero que hace falta tener en cuenta es que los periodistas independientes no podíamos trabajar para los medios de dentro de Cuba, teníamos que trabajar para el exterior. Y en unas condiciones pésimas: sin internet, sin fax, y con un teléfono que necesitabas días para poder hacer una llamada. Eso quiere decir que se tenían que hacer llegar las crónicas a través de viajeros... No podías, lógicamente, enviar noticias, ya que llegaban caducadas. Tenías que hacer unas crónicas más intemporales.

¿Durante cuanto tiempo los reportajes dependieron de la bicicleta?

Cuando Cuba Press comenzó a consolidarse teníamos unas cuantas bicicletas y disponíamos de dos motos, que eran de la agencia. Eso sí, al inicio no teníamos grabadoras, ni bolígrafos. De esta precariedad salimos cuando asociaciones de periodistas extranjeros comenzaron a enviarnos de todo.

¿No cuentan con ninguna otra ayuda del exterior?

La idea de la agencia yo quise comunicársela a Carlos Alberto Montaner. Se ilusionó mucho y me dijo: «Sí, comienza inmediatamente a enviarme crónicas.» Fue el primero que nos ayudó, a pesar de que él y yo no nos conocíamos. Durante años hemos ido hablando por teléfono. En persona no nos hemos encontrado hasta que yo he llegado a Madrid.

Según el castrismo, eso quiere decir que usted tenía el apoyo «de un agente de la CIA». A ustedes los han acusado de todo tipo de cosas... Hemos leído una crítica a su libro *Sin pan y sin palabras* que dice que usted maneja las estadísticas con poca propiedad. Para un poeta, la acusación hace poco daño... ¿Hasta qué punto estáis inmunizados contra todo este tipo de acusaciones?

Sí, nos dicen de todo. A Montaner le dicen que es de la CIA. Nos dicen lo peor que se le puede decir a una persona, en función de las circunstancias de cada momento. Durante años, a algunos, nos acusaban de homosexuales, que era una cosa terrible en el contexto de la cultura típica cubana y del espíritu machista de la Revolución. A medida que la homosexualidad se ha ido tolerando, nos han dicho drogadictos, alcohólicos, y después, cuando ha habido una mayor sensibilidad por la violencia de género, se nos ha acusado de maltratadores. Pero bien, ¿por dónde íbamos?

Nos comentaba que le hizo llegar las crónicas a Montaner. ¿Y a quién más?

Un paso importante fue establecer relación con la Sociedad Interamericana de Prensa, que representaba a más de 300 periódicos de Canadá al Brasil. A partir de aquel momento empezamos a colocar noticias y artículos en toda la prensa del Cono Sur y de la América Central.

Es cuando se les empieza a acusar de «mercenarios» a sueldo de los Estados Unidos, que será una acusación central en todos los juicios.

Sí, sí. En los interrogatorios, la principal preocupación de la policía, era saber de dónde sacábamos el dinero para hacer lo que hacíamos. Quien me interrogaba era un oficial, más o menos de mi edad, de la misma provincia de origen, sobrino de un poeta muy conocido en Cuba. Me lo pusieron tan parecido a mí, que acabé estableciendo relación con él. Bien, pues yo le decía: «¿Tú sabes lo que yo gano por un artículo, hermano mío? A mi Le Monde me paga 1.000 dólares por un artículo. ¿Tú crees que vale la pena que yo acepte 50 pesos de los americanos?»

Sí, pero los dólares de *Le Monde* no salían en ningún juicio...

Ciertamente. Pero lo que a mí me pagaba El País, el The Herald, en Cuba era mucho dinero. ¿Cómo querían que yo cogiese dinero de los americanos? Y pedía al oficial que me interrogaba, en todo caso, que me demostrase que yo había aceptado dinero de los Estados Unidos: «¡Muéstreme un recibo!, ¡una prueba! ¿Quiere tener un control absoluto sobre mis ingresos? No hay ningún problema. Permítame tener una cuenta abierta en un banco y sabrá perfectamente de dónde provienen mis ingresos. Lo que no puede ser es que te saquen del sistema oficial de trabajo, que te digan que no trabajarás nunca más y que pretendan, además, que te quedes con los brazos cruzados.»

¿No podíamos trabajar para la prensa cubana? ¡Entonces trabajaríamos para el exterior!

No sólo se le ha acusado de «mercenario» en Cuba. También en España le han boicoteado alguna conferencia con el mismo argumento.

Sí, sí, aquí algunos elementos de la extrema izquierda actúan como la gente que nos envía el régimen para intimidarnos. En España también hemos sufrido actos de repudio. A mi no me importa que en las conferencias que hago haya gente absolutamente disconforme con lo que yo digo. Que traigan pancartas donde se me acuse de «mercenario», tampoco me importa. Si me preguntan, doy respuesta, estoy dispuesto a discutir. Pero sucede que en algunas ocasiones me acusan de todo eso, de terrorista, me vinculan a Posada Carriles [26] *y de no sé cuántas cosas más de Haití, y no me dejan ni hablar porque gritan como locos. Si me dejasen hablar, yo les diría, por ejemplo, que me parece muy bien que el señor Posada Carriles esté encerrado en la prisión. Un señor que coloca una bomba en un avión es un terrorista y tiene que estar preso. ¡Pero no me dejan hablar!*

¿Volvemos a Cuba Press? Nos ha hablado de las condiciones en que trabajaban en el año 1995. Pero la cosa fue mejorando...

Sí, comenzó a colaborar con nosotros un fotógrafo lla-

---

[26] Luis Posada Carriles. Anticastrista. Se le ha vinculado a diferentes intentos de asesinar a Fidel Castro. Fue el principal acusado de un atentado contra un avión cubano que, en el año 1976, costó la vida a setenta y tres personas. Está encarcelado en los Estados Unidos.

mado Omar Rodríguez Saludes, que hoy cumple una condena de 27 años de cárcel, y que es un señor que desde el principio estuvo haciendo fotos y más fotos en la calle. Su trabajo conforma un archivo de más de 10.000 fotos que hoy ya están fuera de Cuba. La mejora más determinante se produjo, no obstante, cuando Cuba se conectó al satélite telefónico. Lo cual permitió dictar las noticias y no tener que estar pendiente de viajeros que hiciesen de correo humano. Otro salto hacia delante lo hicimos cuando pudimos abrir una página web. Lo pudimos hacer gracias al soporte económico de una millonaria cubana, hija de un gran anticomunista, periodista y demócrata. Este apoyo nos permitió contratar a un periodista para que hiciese el mantenimiento de la página web y pagar todas nuestras llamadas. Realmente una bendición que nos permitía mantener la agencia como una cosa entre cubanos y en la que nadie tenía que intervenir. Bien, llegamos a tener hasta treinta y cuatro personas trabajando para Cuba Press.

Y, para hacernos una idea aproximada de lo que significa el fenómeno, ¿cuántos periodistas independientes podían estar ejerciendo en la isla?

En marzo de 2003 cuando comenzaron las detenciones había entre 130 y 150 periodistas independientes trabajando en diferentes agencias, algunas de ellas muy pequeñas.

¿Esta efervescencia periodística hemos de entenderla como una manifestación más de la Primavera Democrática que vivió Cuba antes de las detenciones de marzo de 2003?

Efectivamente. Por primera vez la oposición se había hecho realmente pública y tenía unos proyectos con los que podías estar de acuerdo o no, pero que tenían una coherencia. Por primera vez también se había creado una situación desconcertante para el gobierno: la oposición había llegado a todas las provincias, incluso a las provincias orientales, que siempre habían sido refractarias a la oposición. El Proyecto Varela tenía una estructura de soporte en todos los rincones de la isla. Pero más allá de este Proyecto, había un activismo destacable. Cien o más bibliotecas independientes funcionando. Grupos opositores en todas partes, en Villa Clara, en Camagüey, en Santiago. En Matanzas surgió el Partido por la Democracia Pedro Luis Boitel,[27] *presidido por Félix Navarro, hoy encarcelado, que organizaba desde actividades políticas, propiamente dichas, hasta campeonatos de dominó y béisbol. También en Matanzas estaban los hermanos Singler. Los tres hacían un trabajo político de confrontación y acción. Y movimientos a favor de los derechos humanos en todas partes, con el protagonismo importante del grupo del ciego Juan Carlos González Leyva. Y en Oriente, el Instituto de Cultura Independiente de Santiago de Cuba que dirigía José Gabriel (Pepín) Ramón Castillo, actualmente en prisión, que convocaba un concurso literario bajo el nombre de Arrecife.*

Hace referencia a un concurso literario en Santiago. Pero en La Habana usted participó en otro que tenía también un claro trasfondo político. ¿«Con los ojos cerrados» se llamaba?

---

[27] Pedro Luis Boitel. Poeta. Opuesto a Batista, participó en el Movimiento 26 de Julio. Como cristiano, pronto comenzó a disentir de la política castrista. Participó en la creación del clandestino Movimiento para la Recuperación de la Revolución. En el año 1961 fue detenido y acusado de conspiración. En abril de 1972 se declaró en huelga de hambre. Murió 53 días después.

A partir de las bibliotecas se había creado un movimiento cultural y literario que convocó el mencionado concurso. Había convocatorias de diferentes géneros: poesía, entrevistas, cuentos... Hasta se recuperó un género que los avances tecnológicos habían dejado obsoleto: la correspondencia. Se hizo porque era un género que permitía a los presos expresarse. No hace falta decir que, el premio, siempre lo ganaba algún preso. Fue un éxito que amigos de México nos publicaran, durante dos convocatorias, los textos premiados. En Santa Clara también existía un movimiento parecido. Convocaba un concurso literario que se llamaba Espuela de Plata.

¿Y la sociedad civil? ¿Evolucionó de manera similar?

Sí, diferentes colectivos comenzaron a organizarse muy sólidamente. Hubo, por ejemplo, en el contexto de un grandísimo movimiento solidario con los presos políticos, un grupo de abogados independientes que se mostraron dispuestos a defenderlos. Se llamaba Corriente Agramontista, en homenaje a Ignacio Agramonte, un brillante abogado de los años de la Guerra de Independencia. Con mucha fuerza en La Habana, lo lideraba René Gómez Manzano, hoy preso. Desde el punto de vista de la oposición, su existencia fue importante porque quería decir que, a pesar de tener un sistema judicial sin ninguna garantía, sí que podían contar con un dispositivo que se activaba delante de cualquier litigio. Como se puede suponer, la Corriente Agramontista fue duramente atacada por el gobierno. También tenía mucha fuerza un Colegio Médico Independiente, que dirigía la doctora Iraida de León. Y, además, se constituyó el Colegio de Ingenieros y Arquitectos Independientes, y el de Maestros Independientes.

En definitiva, sí, se fue creando la estructura, precaria, de una incipiente sociedad civil.

¿Los periodistas también se agruparon?

Creamos la Sociedad de Periodistas Manuel Márquez Sterling, una escuela de periodismo y una biblioteca especializada. En casa de Ricardo González, compañero que fue juzgado en el mismo juicio que yo, y que hoy cumple una condena de 25 años de prisión, hicimos la escuela y la biblioteca. Era una residencia bastante grande, en Miramar, que pertenecía a su padre, un comerciante español a quien las cosas le habían ido bien. En la parte de abajo, hicimos un aula con pupitres y pizarras, donde impartíamos clases de periodismo elemental, de gramática española, de inglés... En el piso de arriba hicimos la biblioteca Jorge Mañach, especializada en periodismo.

¿Esta Primavera Democrática qué período abarca?

Yo creo que todo comenzó cerca del año 1995 con el turismo y con las nuevas posibilidades que ofreció el teléfono. Al turismo, el régimen se abrió por pura necesidad económica. Sabía perfectamente el peligro que corría al abrir Cuba al mundo. Y, efectivamente, el turismo mostró a los cubanos que, afuera, había otro mundo muy diferente al que intentaba vendernos la versión oficial. También permitió que los disidentes fueran visitados por amigos de todas partes que les traían libros, medicamentos, dinero... Hasta aquel momento, mucha gente de la oposición se sentía muy desamparada. Ahora, al liberal, lo vienen a ver los liberales de otros países, al democristiano los democristianos, etc. El teléfono no sólo revolucionó el periodismo, desde un punto de vista político, también dio la oportunidad de tener contacto permanente con los soportes que tenemos en el extranjero y con el exilio.

En el año 1995 se inició un proceso. ¿Cuándo llegó a su madurez?

Muchos de los dirigentes de la oposición estaban trabajando desde hacía muchos años, algunos desde los ochenta, siempre en unas condiciones muy difíciles. Debemos tener en cuenta que, en Cuba, sólo hay escuelas de formación política, preparación política e instrumental para los líderes del Partido Comunista. De esta manera, los líderes democráticos tienen que hacer el aprendizaje por su cuenta, con los libros que llegan desde Europa, a partir de las conversaciones con los compañeros que los visitan y, principalmente, con la experiencia del trabajo en las duras condiciones de la clandestinidad. El aprendizaje, a pesar de todo, se había hecho y hacia el año 2000 ya había una madurez que permitía manejar un vocabulario político, tener una estrategia... Así, comenzaron a aparecer propuestas objetivas a partir de posiciones ideológicas ya muy firmes.

¿Como el Proyecto Varela?

Sí. Hubo un período en que la oposición no sólo ganó en la calle, sino que incluso ocupó el debate político oficial. En un determinado momento el presidente de la Asamblea Nacional, Ricardo Alarcón, salió por la televisión y habló de Oswaldo Payá y de cómo llevaron «aquellas cajas» que contenían las firmas. Y después, durante su visita, Jimmy Carter habló, en su conferencia de la Universidad de La Habana, del Proyecto Varela, con el dictador presente, y salió en televisión. Y cuando Oswal-

do y más gente fuimos a ver a Carter a un local rarísimo, que me parece que era de la ONU, había muchas personas que nos esperaban en el exterior, quiero decir cubanos, público, que estaba pendiente, que sabían de qué íbamos a hablar y lo aprobaban. ¡Con el consentimiento de la policía! Creo que aquellos fueron los momentos culminantes para el movimiento opositor democrático cubano del interior.

El Proyecto de Payá tiene pocos críticos, pero muy severos, como por ejemplo la escritora exiliada en París, Zoé Valdés. ¿Cómo juzga estas actitudes?

El problema de las actitudes muy duras es: ¿A dónde van a parar? ¿Por qué solución apuestan? Yo tengo amistad con Zoé y siempre hemos mantenido unas grandísimas discusiones sobre este tema. Y yo le digo que es injusto tener una posición demasiado crítica con un opositor que está allá dentro, porque aunque no coincidas en la estrategia, se le debe ofrecer todo el apoyo.

En ningún momento se ha referido a la caída del Muro de Berlín y de todo el bloque soviético como una de las causas de la Primavera Democrática cubana.

Todo lo que pasó en Cuba desde 1995 hasta marzo de 2003 no hubiera sido posible sin la caída del campo socialista como telón de fondo.

¿Por qué en Cuba no tuvo lugar un proceso como en el resto de países del Este?

Lo que me están preguntando es por qué el tirano cubano ya sólo tiene un homólogo: el líder de Corea del Norte, ¿no es cierto?

Sí.

Miren, yo como periodista, en los años setenta, estuve en Moscú y conocí muy bien los países del Este: Chéquia, Yugoslavia... Todos –a excepción de Rumanía– eran mucho más abiertos que Cuba. Cualquier periodista enseguida despotricaba contra el gobierno, por poco que lo pinchases. Estaban en Europa y en Europa había más o menos comunicación. Cuba, en cambio, es una isla y eso se nota. La Cuba de los sesenta, setenta y ochenta estaba completamente cerrada. No tiene nada que ver con la Cuba de hoy. Entonces, el turismo era únicamente político, completamente seleccionado por el gobierno entre partidos y grupos afines. Los cubanos no tenían ningún tipo de información. Sólo tenían –todavía tienen– mucho miedo.

El psicólogo Ramón Colás escribió un ensayo sobre el miedo...

Sí, yo fui uno de los que animó a Colás a escribirlo. Oficialmente, el pueblo cubano es el más valiente del mundo, es el único capaz de desafiar a la potencia mundial hegemónica. Bien, todo eso es pura propaganda. El pueblo cubano es como cualquier otro: hay gente más valiente y gente que no lo es tanto. En Cuba, precisemos, existe el miedo que constituye la esencia misma del sistema. Es un miedo inducido. Hay un programa de televisión que se llama Sector 40. Son casos de la Seguridad del Estado llevados a la televisión. Todo el mundo es sospechoso. Siempre hay infiltrados velando porque los principios de la Revolución no sean vulnerados. Es seguro que todo esto crea una psicosis social en la que todos desconfían de todos, en la que todo el mundo es sospechoso. Bien, estamos delan-

te de una dictadura científica, de genética estalinista, con aportaciones del trópico y el Caribe.

Nos habla de infiltrados. Los que testificaron en su juicio estuvieron durante años trabajando en el mundo del periodismo. ¿No los tenían detectados?

Sí, sí, claro que los teníamos detectados. A David Orrio lo descubrí hace ya muchos años, cuando, en una reunión con senadores norteamericanos, en la que yo aproveché para explicar que estaba en contra del bloqueo, él defendió que había un proceso de apertura política, que había comenzado en la universidad y que acabaría influyendo en el gobierno. Cuando llegué a casa, le dije a mi mujer: «Este tipo ve una apertura que yo no veo.» Después se opuso mucho a la constitución de la Asociación de Periodistas. También atacaba Radio Martí. Decía que no tenía calidad y me recriminaba que participase. Yo le decía: «Si a mí el gobierno cubano me deja diez minutos de radio a la semana, no hablo con ninguna otra emisora.»

A juzgar por lo que pasó en el 2003 podría decirse que en todas las actividades de la disidencia había infiltrados. ¿No es así?

En algunas sí, pero no en todas. Cuando en el año 1991 diez escritores hicimos pública la Carta de los 10 pidiendo reformas políticas, mucha gente se quedó sorprendida de que ese documento hubiera podido aparecer. Todo el mundo pensaba que era imposible que diez personas hubiesen podido hacer una cosa de este tipo, sin que ningún infiltrado se enterase y nadie se fuese de la lengua. Muchos años después, el profesor Félix Bonne Carcassés, persona clave de la Asamblea para Promover la Sociedad Civil, me dijo que aquello lo había impresionado mucho y que lo había animado a iniciar el asociacionismo universitario. Miren, una de las mejores cosas que tiene vivir en Madrid es que aquí no tienes que estar pendiente de si éste o aquél te vigila, si éste o aquél te delatará, si éste o aquél es un infiltrado. En Cuba..., les pondré un ejemplo de cosas que pasan: un amigo mío periodista, que ahora vive en Bolivia y que trabajaba en la radio pública, en una fiesta del trabajo se emborrachó, rompió el carné del Partido Comunista y comenzó a gritar: «¡El comunismo es un horror y el partido una mierda!» Poco después me vino a pedir trabajo a la agencia y le dije que sí, que comenzase a hacernos unas crónicas... E inmediatamente me sugirió que las firmaría con pseudónimo. Fíjense lo que hace el miedo: cuando uno está borracho es capaz de quemar el carné del partido, pero cuando está sereno no se atreve ni a firmar un artículo con su propio nombre.

¿En ese tiempo de efervescencia democrática, qué pasa? ¿Hay más tolerancia del gobierno o es que los opositores se confían más de la cuenta?

Durante aquellos años el régimen se mostró más tolerante porque, sin amparo soviético, buscaba –con cierta picardía– la cobertura de la Unión Europea. Necesitaba la inversión francesa, holandesa, española... y eso comportaba que, desde el punto de vista político, debía tener cierta contención. Si decidió el gran golpe de la Primavera Negra fue porque, con el Proyecto Varela, tenía la sensación de que el tema se le iba de las manos. En aquel momento, por otro lado, ya no dependía de la Unión Europea, porque ya existía la conexión venezolana. El régimen vio que podría contar con los recursos a chorro que le proporcionaría Chávez.

¿Los tomó por sorpresa?

Lo que sí puedo decir es que fue un golpe de gran impacto psicológico. Tanta gente detenida al mismo tiempo. Unas detenciones tan espectaculares: muchos policías, muchos carros patrulla, cámaras filmando... Se trataba de poner el miedo en el cuerpo de la oposición y también de una sociedad que contemplaba aquellas espectaculares detenciones. Tengamos en cuenta, por ejemplo, que a mí me detuvieron delante de cuatrocientas personas.

¿Cuáles son los grupos que, según su criterio, quedaron más tocados por la operación?

Veintisiete de los setenta y cinco detenidos eran periodistas independientes. También se afectó mucho a las bibliotecas, al grupo de Martha Beatriz Roque, pero sobre todo, principalmente, al Proyecto Varela.

Si el objetivo principal era el Proyecto Varela, ¿por qué detuvieron a Martha Beatriz y no, en cambio, a Oswaldo Payá?

A Martha Beatriz la detuvieron porque la odian profundamente. Hace campañas muy agresivas, saca gente a la calle, hace reuniones... La podían encerrar, por otro lado, porque no tenía ni el grupo numeroso, ni la fuerza, ni la proyección internacional que tenía Oswaldo. A Oswaldo, en cambio, lo dejaron en la calle porque probablemente pensaron que apresar al reciente Premio Sajarov del Parlamento Europeo tenía un coste internacional demasiado alto. Le hicieron algo peor que encerrarlo: lo dejaron solo. Lo dejaron sin estructura y sin sus compañeros más inmediatos, gente del Movimiento Cristiano de Liberación. Su segundo, Efrén Fernández; el periodista Regis

Iglesias; el abogado Antonio Ramón Díaz; su hombre en la zona oriental, Jesús Munstafá, con quien coincidí seis meses en la prisión. De las cincuenta personas más importantes del Proyecto Varela, detuvieron cuarenta. En definitiva, desarticularon el movimiento. Y lo hicieron con la malvada voluntad de sembrar sospechas: ¿Por qué este tipo no está preso? ¿Por qué Martha sí y él no?

¿Cree usted que la reacción española fue contundente?

Yo soy una persona poco adecuada para juzgarlo. El gobierno de Aznar hizo muchísima presión para que me liberasen, y después el gobierno de Zapatero lo ha conseguido, gracias a una posición más condescendiente con La Habana. Yo, por respeto, no me debo meter en temas de política española. Yo sólo debo decir que estoy agradecido a todos.

¿Cómo quedó la oposición después de las detenciones?

Pues muy tocada. El periodismo no quedó muerto del todo, pero sí muy herido. Las tres revistas que estaban circulando, desaparecieron. Muchas bibliotecas fueron expoliadas. La censura se impuso por todas partes... La oposición tal como la habíamos conocido quedó muy dañada. Cierto es que nacieron nuevos fenómenos de oposición que no existían. Por ejemplo, el grandísimo movimiento a favor de los presos que es las Damas de Blanco.

A pesar de todo, a lo que usted denomina la Izquierda «Armani» todavía no le ha caído la venda de los ojos.

No. Y es una actitud muy egoísta. Ninguno de ellos admitiría que, en su país, pasase lo que está pasando en Cuba. Reconocen que no hay libertad, que este señor hace cin-

cuenta años que se arrastra, que hay problemas hasta de alimentación, que Cuba es una sociedad cerrada... pero quieren que continúe igual, porque Cuba es su sueño. Es un sueño que tienen alquilado y que visitan una vez al año: vienen con los mejores coches, van a las mejores playas, a los mejores hoteles, son atendidos como reyes en tanto que «amigos» de la Revolución. Después de su periplo por todas las maravillas del sistema, nos dicen adiós y regresan a sus respectivos países, democráticos, confortables, abiertos... Pues bien, su sueño, es la pesadilla de los cubanos.

¿Vemos que lo que más les recrimina son sus visitas?

Les recrimino su turismo político, poco sensible al dolor del pueblo cubano. Y les recrimino que no tengan ni siquiera en cuenta cifras tan aterradoras como que un 15% de los cubanos tiene que vivir en el exilio. Les recrimino que elogien nuestra sanidad y no adviertan que detrás de la pantalla sólo existe una atención médica de barracón.

¿Se puede justificar semejante posición por el antinorteamericanismo de gran parte de esa izquierda?

A mi me parece perfecto que haya gente con ese sentimiento. Yo solamente digo: «No utilices mi país, y nuestra situación, para hacer emerger tu odio por los Estados Unidos. Vete delante de la Casa Blanca y manifiéstate tanto como quieras. Pero no hace falta que uses a Cuba porque, coño, en Cuba hay mucha gente que padece.» Se habla continuamente de lo que pasa en la Base de los Estados Unidos en Guantánamo. Lo que nadie explica es que en Guantánamo hay otra prisión por donde han pasado miles de presos cubanos.

En tanto que grupo de opinión muy poderoso, ¿hay esperanza de que se les pueda alinear a favor de la libertad de Cuba?

Deberíamos poder lograrlo. ¿Qué queremos para Cuba? Pues nada del otro mundo. Queremos lo que otros disfrutan con normalidad: libertad de prensa, de expresión, ... Queremos una democracia en la que podamos elegir a nuestros gobernantes entre gente honrada y competente. Queremos respeto para las personas, salarios decentes. Queremos un sistema político que nos deje respirar, que no controle desde la producción de azúcar hasta el comportamiento en las playas, pasando por lo que cena en su casa cada familia. Queremos que no nos hagan aborrecer nuestra vida cotidiana. Queremos liberarnos de este régimen que no es autoritario, sino totalitario. ¿No pueden suscribir todo esto esas personas? Nos duele que Cuba sea este mal al que todos se han acostumbrado. A lo que pasa en ciertos lugares del mundo, todos le prestan atención. Con Cuba, en cambio, no hay una focalización crítica de la realidad.

¿De todos los «progresistas» la posición que más le duele es la de Silvio Rodríguez?

Silvio y yo éramos amigos de juventud y nuestras familias eran amigas, sus hijas y las mías. Pero él tiene una posición política, es diputado a la Asamblea Nacional, y yo tengo otra. Sé que pidió que le explicasen por qué me habían arrestado. Después se manifestó en coherencia con lo que es su posición política.

¿Cómo cree que evolucionará la situación cubana?

Antes del hecho biológico no pasará nada. La situación continuará estancada.

¿Y el partido? ¿No querrá imponer su dinámica?

El partido es Raúl. Es cierto que existe una disputa interna y que tanto el Comandante, como Chávez, en lugar de Raúl, preferirían al ministro de Relaciones Exteriores, Pérez Roque. Pero Raúl tiene a los generales.

¿Y después de Raúl?

Después de pocos meses con Raúl al frente del gobierno, poco a poco, habrá una apertura total. Un proceso lento pero definitivo hacia la democracia.

¿Y qué pasará con el exilio? ¿Su eventual regreso será otro factor de conflicto?

Tenemos que asegurar que el reencuentro entre el interior y el exilio sea una verdadera fiesta del espíritu.

La oposición ¿está en condiciones de aguantar las sacudidas que, previsiblemente, se producirán?

De lo que se trata es de estar preparados para aguantar la embestida. El golpe. Aguantar el palo. No obstante, creo sinceramente, que las duras condiciones de la actualidad están preparando muy adecuadamente a los disidentes de hoy, para ser los dirigentes democráticos del mañana.

Pedro Roig

Director de radio martí

Miami es Cuba trasplantada en la Florida. Es verdad que la policía es norteamericana y que los jueces y leyes también lo son. Y que el FBI mira por aquí y la CIA pregunta por allá. Pero en Miami los hombres visten guayaberas, la salsa está por todas partes e incluso la santería ha echado raíces. Para beber puedes tomar mojitos o daiquiris y, en muchas esquinas puedes pedir hasta guarapo –un refresco de caña de azúcar–. Cuando tienes hambre es fácil encontrar bocadillos como los que te hacen en La Habana, y en las cartas de los restaurantes figuran los platos típicos de la isla: camarones y langostas enchiladas, arroz moros y cristianos, plátanos fritos... Cuba está en el Versailles de la calle Ocho y en Bongos, un original restaurante que Gloria y Emilio Estefan tiene en el Bay-side.

De hasta qué punto Cuba se cuela por todos los rincones nos percatamos mientras conversamos con el doctor Pedro Roig, director de Radio y Televisión Martí, desde el año 2003. La sede del organismo, eso sí, no tiene nada de Cuba. El edificio es un búnker de la Guerra Fría, gris, cargado de inmensas parabólicas, en el rincón de un intrincado polígono industrial. En la entrada nos encontramos un policía negro norteamericano que no habla ni una palabra en español. En el interior, grandes medidas de seguridad. El despacho de Roig es el de un directivo norteamericano de alto nivel. Hay fotos con sus hijos y nietos, una con el presidente Bush padre y otra con Bush hijo. También hay un ordenador que, según parece, no utiliza... Nada delata cubanía.

Roig viste guayabera, la típica camisa con cuatro bolsillos, dos en el pecho y dos en la cintura. Cuando lo tenemos ya inmerso en la conversación, notamos que su poderosa butaca de directivo norteamericano se mece como uno de los numerosos balancines que hemos visto en Cuba. Roig, dentro de este despacho, habla mientras se mece de la misma manera que hemos visto hablar y mecerse a Payá y Oscar Espinosa en sus modestas casas de La Habana.

Aquí al doctor Roig, le llaman Roi, incapaces de mantener la pronunciación original catalana de este apellido. *«Sí, ya sé que mi nombre es catalán y que no se pronuncia Roi, sino Roix... pero en Cuba y en toda Latinoamérica, a los Roig nos llaman Roi.»* Pues bien, el Doctor Roig, Roix o Roi nos atiende magníficamente y, a pesar de las llamadas de Miami, y de Washington que a menudo nos interrumpen, somos capaces de hacerle hablar de todo. Lo hace con su poderosa voz, consecuente con su físico también poderoso. Y su imponente voz va acompañada de una evidente capacidad oratoria, de manera que sus respuestas trascienden la entrevista para convertirse en discurso. Por momentos, se apasiona por el tema y la cadencia de sus palabras nos recuerda al orador más perseverante y conocido de Cuba. Pero no, no, su contenido es la antítesis. Mientras lo escuchamos caemos en la cuenta de cuan lógico es que Roig y Castro puedan tener una misma cadencia oratoria. Ambos tuvieron una formación similar, aunque el camino de sus vidas se bifurcó, muy pronto, para ir a parar a las antípodas el uno del otro.

Roig, como el Comandante, asistió a una escuela de los jesuitas. *«La educación de los jesuitas de aquella época era terriblemente estricta –explica–. Podía haber centenares de niños y jóvenes, con aquellas edades en que es muy difícil hacerlos estar quietos. Allá, en las colas militares que hacíamos para entrar, no se movía ni una mosca. Si alguien hacía una travesura y no se sabía quién la había hecho, castigaban a toda la clase, un método que impone la delación, que alguien hable, cuando no la autodelación. Ya ven, es la educación que recibió quien ha gobernado nuestro país y esta disciplina escolar es la que ha impuesto en Cuba.»*

Quizás esta disciplina estricta determinó, en alguna medida, que Castro y Roig fueran personas rebeldes. Roig, como Castro, combatió la dictadura de Batista desde muy joven. Sus actividades en la secundaria, a los quince años, lo llevaron a la prisión, de manera que sus padres hicieron todo lo posible para que pudiese salir del país. Fue entonces cuando, por primera vez, llegó como exiliado a los Estados Unidos. Allí continuó vinculado a la lucha contra la dictadura, estuvo en contacto con otros exiliados, conoció el Movimiento Nacional 26 de Julio. De esta forma, cuando las tropas rebeldes llegaron a La Habana y cayó Batista, Roig regresó a su país en los primeros días de 1959.

Pronto descubrió, sin embargo, que la Revolución de Castro no era la suya. No se pueden alimentar espíritus rebeldes y después imponerles un dogma, que no se puede ni siquiera apelar. Así, Pedro Roig, con dieciocho años, regresó por segunda vez al exilio norteamericano. Fue, sin duda alguna, de los que no se resignaron con permanecer fuera de su patria y se unió a la Brigada 2506 que participará en la invasión a la bahía de Cochinos. Su barco iba lleno de jóvenes originarios de Santiago de Cuba, entre ellos Jorge Mas Canosa. El fracaso de la operación hizo que ni siquiera desembarcasen en tierra cubana. Como el resto de expedicionarios regresó decepcionado a territorio de los Estados Unidos, que se convirtió, esta vez sí y por muchos años, en su exilio.

A excepción de usted, ninguno de nuestros entrevistados en este libro participó en la invasión de la playa de la bahía de Cochinos, el episodio más criminalizado de lo que el régimen suele calificar como la «contrarrevolución»…

Pues yo me siento muy orgulloso de haber participado en aquella operación.

¿Mediante qué proceso un joven que en el año 1958 combate a Batista, en el año 1961 participa en un intento de invasión que pretende sacar a Castro del poder?

Muchos de nosotros combatimos a Batista movidos por el sueño de la libertad y democracia que inspiró Frank País,[28] por el mismo sueño por el que luchó José Antonio

---

28 Frank Isaac País. Miembro del Movimiento 26 de Julio que lideraba Fidel Castro. Estuvo en la costa esperando el desembarco del Granma y de los guerrilleros que acompañaban a Castro. En junio de 1957 murió cosido a tiros en una acción revolucionaria. Su muerte provocó una huelga general en Santiago, de donde era originario. Maestro, con sensibilidad artística y literaria, encarnaba –al parecer de todos– el rostro más humanista de la Revolución.

Echevarría. A Batista lo derrotamos entre todos, no sólo los que habían desembarcado con el Granma y habían montado sus campamentos en Sierra Maestra. Lo que pasó es que de aquella victoria colectiva se apropió Castro. En un primer momento no nos dimos cuenta de esa apropiación. Cuando yo regresé a Cuba el 2 de enero de 1959, lo hice pensando que habíamos ganado. ¡Creía que los míos habían ganado!

¿Y cómo descubrió que no era así?

Sencillamente porque, desde el primer día, nos impusieron un dogma medieval: aquí está el libro, ésta es la verdad. Y todo lo que no está en el libro, no vale. No se podía discutir nada. Si lo hacías, automáticamente, te convertías en un sospechoso. Y bien, yo me sentí completamente asfixiado.

¿Ese descubrimiento fue sólo personal o lo compartió con más gente que había luchado contra Batista?

No, fue un proceso que compartí con muchos compañeros, hermanos del Movimiento 26 de Julio. Castro ya tenía su libro de Karl Marx y había optado por el marxismo-leninismo. Y a todos los que creíamos en una sociedad pluralista, o nos apartaron, o nos echaron. Les daba igual que en la lucha contra Batista hubiésemos sido altos comandantes o soldados rasos. Pedro Luis Boitel, el último jefe del 26 de Julio, héroe de la lucha contra Batista, creía en la democracia y murió como murió...

¿Los que participaron en la bahía de Cochinos eran contrarrevolucionarios?

Cuando yo huí de aquella Cuba de dogma medieval, lo

hice con el propósito de regresar. Y, en el contexto de aquellos años, regresar, quería decir regresar luchando. Por eso me uní a la Brigada 2506. ¿Éramos contrarrevolucionarios? A la mitad de los chicos que iban en mi barco los conocía bien porque eran de Santiago: habíamos estudiado juntos, habíamos vivido las aventuras de la adolescencia y, así, puedo decir que todos ellos eran jóvenes con los mejores ideales. No tenían nada que ver con todo aquello que después se ha dicho: que si iban a recuperar propiedades, que si eran terroristas... Ninguna de estas mezquindades estaba en el espíritu noble y generoso de aquellos muchachos. La propaganda del régimen sabe poner muy bien los adjetivos...y no seré yo quien cambie unos por otros. En última instancia, sí debo decir que muchos de nosotros éramos jóvenes que, bajo Batista, nos habíamos formado en la cultura contra la opresión y la intolerancia y que, en consecuencia, no podíamos evitar el enfrentarnos al régimen castrista. Tanto es así que aquella lucha ha marcado la vida de muchos de nosotros.

En el desarrollo de la historia de los años siguientes, la lucha armada quedó descartada militarmente, pero también como opción política y, hoy, sería condenada y considerada un acto terrorista. ¿Visto desde la perspectiva actual no tienen dudas de haber optado por aquella vía?

¿Lucha armada? Nosotros lo que queríamos era sacar a Castro del poder y, en el contexto de aquellos años, eso era únicamente posible a través de la fuerza. Después es evidente que los tiempos cambian y que la lucha tiene que ir por otra vía: la de las ideas, la de la influencia diplomática... Nosotros mismos nos dimos cuenta de ello y comenzamos a llevar la lucha de la oposición cubana por

otro camino. Somos una generación que con veinte años estábamos en un proyecto de invasión pero que, con cuarenta, estamos en la Fundación Nacional Cubano Americana.

¿Mas Canosa fue el principal artífice de ese cambio?

Indudablemente. Jorge, mi amigo del alma, el que estaba en el mismo barco esperando bajar en la bahía de Cochinos, tuvo la visión de que nos debíamos mover en otros parámetros. Muy pronto tuvo la certidumbre de que no existiría otra bahía de Cochinos; a consecuencia del equilibrio internacional, de la política norteamericana, del pacifismo que se imponía... Y vio que lo que hacía falta era crear una plataforma que permitiese a los cubano-americanos influir en Washington, pero también en Europa, España, Alemania... en México. En fin, aquella visión se convirtió en la que fue y es, la poderosísima Fundación.

Usted fue miembro de la Fundación. ¿Qué explica que tuviera una fuerza tan formidable? ¿El liderazgo?

La historia crea coyunturas que los líderes saben aprovechar. Aquí se dieron ambas circunstancias: el líder, Mas Canosa, y la coyuntura. ¿Cuál? A finales de los setenta y principios de los ochenta, el exilio cubano se estabilizó, superó la fase de penuria económica y, algunos, se hicieron ricos. A partir de aquel momento, sus esfuerzos y su dinero los podían haber destinado a muchas otras cosas. En lugar de eso, algunos como Jorge, se entregaron a la causa de Cuba. Todo esto se produjo en el mismo momento en que Ronald Reagan llegó al poder. Pues bien, era una feliz coincidencia: un presidente de los Estados Unidos dispuesto a librar la última batalla contra el comunismo del

*Este y un exilio cubano que anhelaba poner fin a la dicta-
dura de Castro. ¡En Reagan teníamos un aliado natural!*

Aparte de la coincidencia de intereses ideológicos, tenían
peso, además, los votos de la comunidad cubano-americana...

*Evidentemente. Durante muchos años la comunidad
había tenido un peso apenas perceptible en el proceso político. Pero acabó, ciertamente, llegando a incidir de manera muy determinante en el proceso electoral de los Estados Unidos. En la elección de Reagan todavía no fuimos
decisivos. Sí lo fuimos ya en la elección de Bush padre.*

En todo caso, visto con las perspectiva de aquellos años,
resulta sorprendente que Reagan «venciese» a la Unión
Soviética y que, en cambio, Mas Canosa no lo haya lo-
grado con Castro...

*Es verdad. Su pregunta me trae a la memoria un episo-
dio que viví con Mas Canosa en el año 1991. En Rusia había tenido lugar el golpe de estado de los comunistas, Gorbachov había caído y la URSS se había desintegrado. Jorge
decidió ir a Moscú y me pidió que lo acompañase. Man-
tuvimos allí diversas reuniones y el día de Navidad nos vimos con el nuevo ministro de Relaciones Exteriores de
Rusia, Andrei Kosyrev. Se trataba de pedir a la Rusia li-
berada que nos ayudase a liberarnos de Castro: que las
tropas soviéticas se retirasen, que se acabase el subsidio
económico al régimen... Aquella tarde nos paseábamos
por la Plaza Roja de Moscú, hecho que, para nosotros, tenía un profundo significado simbólico. Si nosotros paseábamos por allí, parecía que la suerte de Castro no podía
durar...*

¿Fue en aquella visita que se concretó la repatriación, hacia Miami, de estudiantes cubanos que estudiaban en Rusia?

Sí. Pedimos a las autoridades rusas que a todos los estudiantes cubanos que lo quisieran, les diesen la condición de refugiados políticos. Después, la Fundación auspició que éstos pudiesen viajar a Miami. Uno de ellos era Álvaro Alba. Lo conocimos entonces, Jorge consiguió llevarlo a los Estados Unidos, y hoy es un excelente periodista que trabaja en Radio Martí.

¿Radio Martí es obra de Mas Canosa?

Sí, él la creó. Es un producto de su influencia en Washington. Si un nombre tiene un lugar de honor en Radio Martí ése es el suyo. Y es por ello que, cuando hace pocos meses, su esposa Irma me trajo una foto suya, no dudé en ponerla en el hall de la entrada, muy cerca de un mural de José Martí.

Radio Martí comenzó a trasmitir en mayo de 1985. Se inscribía en la política de emisiones radiofónicas exteriores de los Estados Unidos, como la Voz de las Américas, Radio Free Europe/Radio Liberty o Radio Free Asia, todas ellas con el objetivo de informar a sociedades en las que no hay libertad de prensa. Durante años, su programación incluyó programas de entretenimiento y hasta la retransmisión de novelas. Hoy es una emisora dedicada a la información y al análisis de las noticias. La señal radial es enviada a Cuba desde una antena instalada en Cayo Maratón, en el sur de la Florida.

De lunes a viernes, Radio Martí tiene diversos informativos, en los que se puede escuchar el testimonio de presos políticos, la entrevista a disidentes, la historia de inmigrantes que han salido de la isla como balseros, etc. En momentos cruciales del movimiento opositor interno, Radio Martí ha estado presente. Ha informado del Proyecto Varela. Cuando las autoridades cubanas no permitieron que las Damas de Blanco se desplazasen a Bruselas para recibir el Premio Andrei Sajarov, que les concedía el Parlamento Europeo, Radio Martí hizo posible que escuchasen el acto en directo y las tuvo en conexión telefónica. Cuando el 20 de mayo de 2005, dentro de la isla, se celebró la Asamblea para Promover la Sociedad Civil, Radio Martí retransmitió reportajes en vivo. Tanto como informar sobre Cuba, la emisora pretende tener informados a los cubanos de lo que pasa en el mundo.

TV Martí se inauguró en 1990. Su programación incluye informativos, programas de análisis, pero también la retransmisión de acontecimientos deportivos, sociales, culturales o artísticos. Dedica algunos espacios a explicar cómo es la vida cotidiana fuera de Cuba, ya sea en los Estados Unidos o en Europa. Además de dos informativos diarios, produce quince programas semanales. Su señal se transmite a Cuba a través de la antena instalada en un globo aerostático a tres mil metros de altura sobre Cayo Cudjoe.

Desde el primer momento en que Radio Martí comenzó a emitir, La Habana afirmó que la señal enviada sobre Cuba violaba las regulaciones internacionales de emisiones. Es por eso que la historia de Radio Martí es una historia marcada por las interferencias. Cuando técnicamente no se han podido impedir las emisiones, la propaganda ha entrado en juego. Radio Martí siempre ha sido considerada una organización con fines «terroristas». Cuando en un determinado momento, popularizó a dos cantantes del exilio, Celia Cruz y Willy Chirino, estos dos artistas «contrarrevolucionarios» fueron víctimas de unos ataques desproporcionados. A finales de los ochenta, también se la contraatacó procurando que Radio Habana Cuba emitiese en los Estados Unidos.

En el libro *Fidel Castro, biografía a dos voces* de Ignacio Ramonet, el Comandante en Jefe habla de Radio Martí y afirma que le repugna que se utilice el nombre *«de la personalidad más admirada y más sagrada, para una estación de radio ilegal, subversiva y desestabilizadora»*. En otro momento dijo que Radio Martí era la emisora *«de una mafia terrorista»*. En julio de 2005, en un discurso, no pudo evitar establecer un paralelismo entre Irak, ocupado por las tropas de los Estados Unidos, y Cuba. En Irak se ataca con armas, en Cuba se «ataca» con medios de comunicación. Así, afirma: *«Una de las más cínicas acciones del señor Bush son los constantes ataques de radio y televisión sobre nuestra gente.»*

La guerra contra TV Martí no ha sido menor. Las interferencias, frecuentemente, han impedido que sus imágenes llegasen, unas veces, a la totalidad de la isla, otras, a parte. Para evitarlas se han tenido que inventar toda clase de estrategias, entre otras, que la señal de transmisión se enviase desde un avión sobrevolando el sur de la Florida.

Dr. Roig, por su origen, por su naturaleza, ¿Radio y TV Martí son órganos de propaganda?

No. Nosotros damos opinión e información libre en un país donde esa libertad no existe. De las opiniones, son responsables quienes las expresan. De la fiabilidad de la información, nosotros damos total garantía. Trabajando con Cuba, que es un país con un grado de secretismo muy elevado y con muy poca transparencia, los rumores son permanentes. Tenemos que trabajar, pues, con mucho cuidado, de manera que es norma de la casa que las noticias que nosotros damos tengan no menos de tres fuentes, pero nunca una sola. Esta norma nos ha ido muy bien. Recientemente, la BBC dio la noticia de que un ministro cubano había sido cesado. Muchos medios de todo el mundo se hicieron eco. Nosotros no encontramos ninguna confirmación y no la dimos. Al día siguiente pudimos comprobar que la noticia no era cierta.

¿Quiere decir que, en una guerra de información tan aguda, la credibilidad es su mejor arma?

Exactamente. Nosotros conseguimos nuestro objetivo: la gente, dentro de Cuba, considera que lo que escucha en Radio Martí es verdad.

A pesar de ese esfuerzo no han podido evitar que en su organización hubiese infiltrados, ni que éstos saliesen por antena dando informaciones poco fiables...

Primero: que yo recuerde, en Radio y TV Martí nunca ha habido un caso de infiltración como, por ejemplo, el de Ana Belén Rueda. Esta señora, que hacía los Position Papers del Pentágono sobre Cuba, en un juicio, se le descubrió como agente de Castro. Si son capaces de infiltrarse en instancias tan altas y delicadas, es evidente que son suficientemente eficaces para haberse infiltrado, hoy o en el pasado, en Radio y TV Martí. Pero nosotros no tenemos ninguna prueba. Pueden existir acusaciones, sospechas... pero ninguna prueba.

¿Y qué nos dice del supuesto «periodista independiente» que hacía de corresponsal suyo, que participaba en el programa *Sin censores y sin censura* y que, durante los juicios de la Primavera Negra, se destapó como agente de la Seguridad del Estado?

Sí, eso pasó. Sí, había intervenido en algunos de nuestros programas en tanto que «periodista independiente» y resultó ser un agente... Este señor, aclaro, no era un empleado nuestro y sus intervenciones, por otro lado, no se podían considerar noticias, sino opiniones. Por tanto, no es que hayamos dado informaciones manipuladas por infiltrados.

¿Saben cuál es su audiencia?

A pesar de los esfuerzos para interferirnos, la radio tiene una audiencia muy alta. De acuerdo con unos estudios de audiencia que realizó en dos ocasiones Intermedia, una organización independiente de Washington, nos escucha un 10% de la población cubana de más de dieciocho años. Eso quiere decir que, no cada día y no a todas las horas, pero más de un millón de personas nos escucha. Si tenemos en cuenta que ya no hacemos novelas, ni programas de entretenimiento, que sólo hacemos información y análisis de la información, resulta que tenemos una audiencia formidable.

Aparte del caso del infiltrado, los verdaderos periodistas independientes han sido, desde hace cierto tiempo, unos magníficos corresponsales de Radio Martí en el interior del país...

Evidentemente. Cuando surgió este fenómeno nosotros no podíamos hacer otra cosa que apoyarlo. Se trata de gente que ha hecho, y sigue haciendo, un esfuerzo extraordinario. En Cuba, disentir, discrepar, criticar las cosas que no gustan es un ejercicio muy complicado. Lo demuestra el hecho de que padezcan prisión, persecución, actos de repudio y todas esas cosas horribles, de un país gobernado por gente enloquecida por el dogma. Pero es muy necesario que perseveren. El rol del periodismo independiente, y la aparición de una prensa realmente libre, es vital para el futuro del país.

Supongamos que no debe ser fácil el paso de un sistema mediático completamente controlado y censurado a una democracia con la prensa libre...

Es cierto, porque hay unas cuantas generaciones de periodistas criadas y entrenadas para hacer de portavoces del gobierno. En un determinado momento el que quiera ejercer deberá entender que ya no trabaja para el gobierno y que puede hacer preguntas que molesten a los futuros gobernantes, sin temor a las represalias. ¿En qué momento los viejos periodistas pueden comenzar a asumir este nuevo papel? No lo sé. Desde Radio Martí sí que tenemos la intención de hacer algún programa destinado a preparar futuros periodistas del interior. Hemos hablado con el Miami Dade College y con Ramón Colás, que ahora está en la Universidad de Mississippi, y estamos estudiando cuál sería el formato y a través de qué mecanismo se podría hacer este entrenamiento.

¿Qué vinculación, más allá del contacto con el periodismo independiente, ha tenido Radio Martí con la disidencia interna?

Nosotros hablamos con la disidencia interna cada día. Algunas veces la comunicación es mejor, otras cortan la llamada, pero el esfuerzo es diario. Radio Martí ha sido una plataforma a través de la cual han podido hacer oír su voz, al mismo tiempo que daba difusión a sus actividades, las dimensionaba... Por encima de esta obviedad, la emisora ha sido un espacio que ha facilitado que tuviesen contactos los unos con los otros. En un país de comunicaciones internas tan complicadas, un país donde es tan difícil hacer doscientos kilómetros, pero donde también es una odisea enviar un correo electrónico, Radio Martí, les ha permitido saber lo que pasaba más allá de su localidad. Porque si tú hablas por la radio, desde Santiago, resulta que te escuchan en La Habana, en Bayamo, en Santa Clara o en Camagüey. Sin embargo, cuando tú hablas por Radio Martí, estás hablando para todo el mundo... también para el régimen, ¡porque el régimen escucha Radio Martí!

Intuimos que, al dar altavoz al interior, Radio Martí ha contribuido a pasar el centro de gravedad del movimiento opositor, del exilio, a la disidencia interior.

Miren, la gente que se ha movido en el interior ha sido siempre gente muy valiente. Es una valentía muy diferente a la de la bahía de Cochinos. Es un valor diferente al que tuvo Boitel. De todas formas, es coraje. Pero sucede que a partir de un determinado momento, aparte de valentía, en la oposición comenzó a haber la consistencia crítica necesaria. Así se comenzó a desarrollar una sociedad civil y unos proyectos políticos más coherentes. La oposición supo aprovechar mejor las hendijas que presentaba el régimen, y supo conectar mejor con una sociedad cansada y sin esperanza, que ya no creía en los discursos de Castro y que era completamente consciente del fracaso histórico que este individuo representa.

¿La palabra es *fracaso*?

Sí, la palabra es ésta con todas sus letras: ¡f-r-a-c-a-s-o! Castro es un gran fracaso y su Revolución es un gran fracaso. Su experimento marxista-leninista es un desastre y su paso por el poder de Cuba, es una de las cosas más funestas que ha pasado en nuestra historia. Hablan de los «logros de la Revolución» cuando lo único que se ha conseguido es una juventud sin esperanza. No importa lo que tú hagas, las noches que te pases estudiando, al final tienes que ser taxista de extranjeros o camarero en un hotel para ver cómo te acercas al dólar.

Todos los proyectos que han surgido en el interior de Cuba, han generado grandes debates en Miami. ¿Radio Martí ha participado en ellos? ¿Se ha posicionado como lo han hecho los diferentes grupos de esta ciudad?

Nosotros no entramos en este juego. No entramos en la valoración subjetiva de los diferentes líderes del interior, ni de sus actividades, si éste es mejor que el otro... Nosotros somos un vehículo, un facilitador, una plataforma. Queremos que Radio y TV Martí sean un espacio donde tengan presencia estos hombres y mujeres. El tema que más debate suscitó fue el Proyecto Varela. Radio Martí no se define sobre el Proyecto. Yo sí digo, sin embargo, que Payá fue muy oportuno y el Proyecto muy conveniente. Y es que, basándose en la constitución comunista o no, eso es marginal, hizo una pregunta fundamental y que todo el mundo entiendió: «¿Castro, te atreves a preguntar a los cubanos si quieren continuar viviendo como viven? Simple, sencillo: ¿sí o no? Tú dices que esto es un éxito. Yo digo que es un fracaso. ¡Que decida el pueblo! ¡Preguntémosle!» Fue una campaña terriblemente oportuna, en que se puso de manifiesto esa valentía a que me refería, la de los que lo promovieron y la de los que tuvieron el valor de firmar. ¡Payá puso una buena banderilla al toro! Y, de hecho, el régimen, al no atreverse a convocar un referéndum, evidenció una gran cobardía.

¿Ha habido otras banderillas?

Desde que en el año 1991 diez intelectuales firmaron lo que se llamó «La Carta de los 10» pidiendo elecciones libres, momentos gloriosos e importantes, ha habido muchos. El proceso ha sido muy lento, pero salió adelante. Le costó coger cuerpo, pero ahora no hay quien lo pare. Los jóvenes, actualmente, ya no creen en la retórica oficial y, tan importante o más que eso, han perdido el miedo.

En nuestro reciente viaje a Cuba, vimos a numerosos jóvenes que vestían ropas con la bandera de los Estados Unidos: una gorra, un pañuelo de cabeza, una chaqueta... Conocido el discurso oficial, es evidente que estas prendas suponen una actitud desafiante. ¿Hasta qué punto eso tiene una relevancia política?

Yo no he estado allá y se me hace difícil responder. Sí puedo explicar que los jóvenes están muy atentos a la programación de TV Martí. Tenemos un programa que se llama Alto Voltaje. No tiene nada que ver con la política. Hay vídeos musicales y se les explica qué pasa en las discotecas de todo el mundo, qué se baila, cómo se viste... Si no lo pueden ver en directo, se las ingenian para grabarlo en vídeo o en DVD. La cinta grabada pasa de unas manos a otras y la acaba viendo muchísima gente. ¿Qué trascendencia política puede tener este deseo de libertad de los que se ponen una chaqueta con una bandera americana o ver Alto Voltaje? *No lo sé.*

En Miami, todo el mundo, en las tertulias de radio de todas las emisoras locales, en el *The Herald* y en el *Nuevo Herald*, está debatiendo sobre si Raúl es o no capaz de mantener la nave a flote...

Sin entrar en otra consideración, de si Raúl es apto o no, debe tenerse en cuenta que sustituir a Fidel es muy difícil. El espacio que ha llenado en este régimen dogmático es tan grande que, si desaparece, el agujero es cataclísmico.

Se ha dicho que Raúl ha visitado Vietnam, China y Malasia. ¿Intentará una salida a la manera china?

Esto de la opción china es como ponerle una gorra a Raúl y subirlo al Titanic. Raúl ha heredado un sistema fracasado. ¿Él lo podrá reconducir? ¿Cómo lo hará? Se ha dado muchas vueltas a eso de la fórmula china. Para Raúl representa una gran dificultad, porque deberá responder: «¿Por qué tu hermano no lo hizo? ¿Por qué tu hermano insistía en el marxismo-leninismo a ultranza? ¿Se equivocó? ¿El gigante, el máximo líder se equivocó?» Todas estas preguntas son muy desestabilizadoras porque los suyos, le podrían decir: «Te estás alejando de lo que él había diseñado» ¿Estará Raúl dispuesto a reconocer públicamente que su hermano se equivocó? No lo creo y, por lo tanto, si hace cambios los tendrá que hacer muy lentamente. En definitiva, para el régimen, es tan problemático abrazar a la momia de Lenin, como deshacerse de ella. Sea como sea, tengo la convicción de que el camino hacia la democracia es ineludible. De otra cosa, además, pode-

mos estar seguros: procuraremos que Radio y TV Martí tengan un papel decisivo.

¿Qué pasará con Radio Martí cuando en Cuba exista una democracia? ¿Qué sentido tendrá? ¿Desparecerá?

Hace años que venimos hablando de ello. De momento, continúa siendo un medio de información central para un país donde no hay libertad de prensa. Cuando Cuba sea libre, quizás pueda formar parte de la Voz de las Américas... No lo sé... Aún no se ha decidido.

¿Y tiene decidido volver a la isla?

Sí. Tengo que visitar la tumba de mi padre en Santiago. Tenemos muchas cosas que decirnos y me está esperando desde hace mucho tiempo.

RAMÓN COLÁS

EL PROMOTOR DE LAS BIBLIOTECAS

En febrero de 1998, en la VIII Feria Internacional del Libro de La Habana había algunas novedades. Más allá de los libros biográficos del presidente de la república, de la recopilación de sus largos discursos, de las biografías del Ché y de sus diarios publicados en diversas ediciones y formatos, más allá de los libros de los «Amigos de la Revolución», se pudieron adquirir la *Biblia*, el *Nuevo Testamento* y títulos como *Sacerdocio y Misterio* o *Minutos de sabiduría*. Más de 800 títulos religiosos tuvieron por primera vez su espacio en un certamen que se abría diez días después de la histórica visita de Juan Pablo II a Cuba.

La otra gran novedad de la Feria fue la presencia del Comandante en Jefe. Durante la visita, hizo una rueda de prensa en la que se habló de la Ley Helms-Burton y en la que se hicieron las disquisiciones habituales sobre el embargo que los Estados Unidos imponen a la isla. Al final de la rueda de prensa, un periodista le preguntó si en Cuba había libros prohibidos. El presidente le respondió que en Cuba «*no hay libros prohibidos, sino falta de dinero para comprarlos*».

Cuando Ramón Humberto Colás escuchó estas palabras en la televisión cubana le dijo a su esposa, Berta del Carmen Meixidor: «*Si esto es verdad, ahora mismo comienzo a dejar a mis amigos todos los libros que tengo escondidos.*» Y fue así como este matrimonio de Las Tunas, psicólogo él y economista ella, decidieron abrir su casa y crear una biblioteca, donde sus vecinos pudieran leer –o tomar prestadas– las obras de Mario Vargas Llosa, Alexarder Solzsenitsin, George Orwell, Guillermo Cabrera Infante, Octavio Paz, Milán Kundera o Reinaldo Arenas. Así fue, como el 13 de marzo de aquel mismo año 1998, en la sala de estar de la casa familiar, se abrió la primera Biblioteca Independiente, bajo la dirección de la esposa de Colás. La biblioteca se llamó Biblioteca Independiente Félix Varela. En la entrada había un rótulo que decía: «En Cuba no hay libros prohibidos. Fidel.»

Ésta no era la primera aventura, en la frontera de lo permitido, que Colás afrontaba. Este médico de poco más de cuarenta años, de raza negra, alto, espigado, muy elegante y con atractivo que no pasa desapercibido, en el año 1990, ya había promovido una reunión con antiguos alumnos de la universidad para charlar de Cuba. Allí se intercambiaban libros, diarios prohibidos... Los encuentros se acabaron cuando un día irrumpió la policía y fueron reducidos a golpes de porra. Lo condenaron a tres años de prisión, que se redujeron solamente a limitación de libertad. Pero Colás no ha olvidado la recriminación que le hizo el fiscal: «*Desagradecido, tú que sin la Revolución no serías otra cosa que un negro de mierda.*» No ha sido la única ocasión en la que su condición racial le ha sido tirada en cara. Todos los actos de repudio, tanto los que le hicieron en la facultad, como en el hospital donde trabajaba, han recordado su condición de «negro».

Toda esta experiencia acumulada se puso al servicio del proyecto de bibliotecas, en el que tanto Colás como su esposa volcaron todas sus energías. La iniciativa, enseguida, tuvo un gran éxito. Muchos factores contribuyeron a ello. La nueva biblioteca ponía los libros fácilmente al alcance de los lectores, en un país donde había poca disponibilidad. Sintonizaba con el deseo de los cubanos de leer, en un marco de información libre, y ofrecía todo tipo de literatura. Y todo tipo de lectura quería decir que los lectores podían encontrar los libros que, en las bibliotecas públicas cubanas, tenían la «cinta verde», un distintivo que significaba que la obra sólo se podía leer con una credencial oficial o una acreditación del gobierno. La Biblioteca Varela enseguida tuvo imitadores. Era evidente el carácter contestatario de la iniciativa, así, todos los círculos disidentes acabaron haciendo una biblioteca en el comedor de casa. A finales de 1998 había bibliotecas independientes en La Habana, en Santiago, en Pinar del Río, en Granma, en Guantánamo... ¡Trece en total!

Mientras su mujer dinamizaba la Biblioteca Félix Varela, Colás impulsaba el proyecto de las bibliotecas independientes viajando por todo el país. Se vio con escritores cubanos y les pidió colaboración. Visitó sedes diplomáticas acreditadas en La Habana y les pidió apoyo y libros, promovió el nacimiento de grupos de soporte en el extranjero, etc.

En un primer momento, el régimen no dio importancia a esta iniciativa. Colás y Meixidor sabían, de todas formas, que las bibliotecas independientes acabarían chocando con el sistema, no en vano desafiaban su monopolio de la información. La tolerancia, en cualquier caso, se acabó cuando empezaron a llegar libros de todo el mundo, donados por bibliotecas suecas, checas, norteamericanas... Y cuando empezaron a visitarles periodistas extranjeros.

Para contrarrestar las bibliotecas independientes, el castrismo impulsó los Minerva, unos clubes de lectura donde, en teoría, había libros diversos pero en la práctica habían siempre los mismos: Marx, Lenin, el Ché... Y la cosa no quedaba aquí. El 19 de mayo de 1999, la policía de la Seguridad del Estado arrestó a Berta Meixidor. Estuvo detenida dos horas. Le advirtieron que la biblioteca tenía que cerrarse. Durante el año 1999 Ramón Colás fue detenido hasta cuatro veces. El momento más difícil se produjo en el mes de agosto. Colás, Meixidor y sus dos hijos fueron sacados del hogar-biblioteca para ser realojados forzosamente en una granja militar. La policía requisó todos los documentos de la casa. Pero los libros ya no los encontraron. La Biblioteca Félix Varela había sido repartida entre amigos y simpatizantes de las bibliotecas independientes.

No fueron los únicos que sufrieron la represión. Los demás bibliotecarios empezaron también a padecer registros, incautaciones de libros, de folletos, de correspondencia. Por estas mismas fechas, Manuel Jerez fue detenido en la provincia de Granma y Rolando Bestart en Santiago. Mirna Riverón y su familia padecieron actos de repudio. Hasta la Biblioteca Frank País García, de Santiago, dedicada a libros escolares y educativos, fue registrada por todos lados. Algunos de sus libros fueron confiscados, su promotor amenazado en diversas ocasiones y los padres de los niños que la visitaban advertidos por la policía de Seguridad del Estado.

Después del desalojo, la familia Colás-Meixidor tenía pocas opciones dentro de la isla: Colás fue despedido del hospital psiquiátrico de Las Tunas e, incluso, en la escuela, su hija empezó a notar las consecuencias. Fue entonces cuando Berta decidió pedir a la ONU el estatus de refugiados políticos. Los trámites fueron largos y la presión de las autoridades no facilitó mucho las cosas. Finalmente, en diciembre de 2001, Ramón Colás y su familia pudieron salir del país camino de Miami. Pero antes de salir hacia el exilio los fundadores del proyecto habían creado una junta directiva con cinco personas del interior. Quedaba al frente del proyecto, como nueva directora, Gisela Delgado Sablón, técnica en computación, militante democrática, que había abierto una biblioteca en La Habana.

En los Estados Unidos, los Colás-Meixidor fueron recibidos como verdaderos héroes. Ramón empezó a trabajar como investigador asociado del Instituto de Estudios Cubanos de la Universidad de Miami. A partir de la ayuda del Grupo de Apoyo a las Bibliotecas Independientes, de Miami, el matrimonio se pudo dedicar a buscar ayuda internacional para las bibliotecas. Colás empezó a ser invitado a diferentes fórums internacionales para explicar la experiencia de las bibliotecas y para hablar de la situación cubana en general. En este peregrinaje se entrevistó con diferentes personalidades políticas, culturales e intelectuales de todo el mundo. En mayo de 2002 el matrimonio viajó a Suecia para recibir el premio Libertad. Querían que Gisela Delgado también asistiese. A pesar de la presión de más de una personalidad sueca, el régimen no permitió su salida. El 16 de abril de 2003 Colás también intervino en el Comité Internacional de la Cámara de Representantes de los Estados Unidos, donde causó una excelente impresión.

Entre la visita a Suecia y la visita a Washington, entre mayo de 2002 y abril de 2003, en el interior de Cuba pasaron muchas cosas que afectaron a la red de bibliotecas. Más allá de la presión a todos los promotores de la iniciativa, las dificultades económicas hicieron muy difícil el funcionamiento de la red. Dispersos por toda la isla, era muy complicado reunir a los miembros de la junta. La coordinación se hacía vía telefónica. A pesar de todo, el trabajo se consolidó y fue haciéndose cada vez más profesional. Todo esto hasta marzo de 2003 que fue cuando el régimen asestó un golpe terrible a las bibliotecas.

De las setenta y cinco personas detenidas durante la Primavera Negra, trece eran bibliotecarios independientes. Todos ellos fueron condenados a penas de entre quince y veintiséis años de prisión. Uno de los domicilios que fue visitado fue la casa de Gisela Delgado, en el barrio El Vedado, en Ciudad de La Habana. El 20 de marzo de 2003, una treintena de efectivos policiales efectuaron un registro. Se llevaron más de mil libros. Entre ellos, uno sobre la vida de Martin Luther King que Jimmy Carter había regalado a Gisela en una visita reciente. Todo lo confiscado llenaba dos camionetas y dos coches Lada. Gisela no fue detenida. A quien detuvieron fue a su marido, el periodista y miembro destacado de Todos Unidos, Héctor Palacios. El fiscal pedía para él cadena perpetua. Se le acusaba de recibir dinero, alimentos y libros de organizaciones terroristas de Miami, financiadas por el gobierno de los Estados Unidos. Fue condenado a veinticinco años de prisión. *«Una sentencia así es normal* –dijo Héctor– *si se tiene en cuenta que estaba delante de fiscales comunistas, jueces comunistas, abogados trabajando para los comunistas y un gobierno comunista.»*

Para hablar de la Primavera Negra, Ramón Colás visitó Barcelona y explicó la situación tanto de los bibliotecarios presos, como de los presos políticos en general. Tuvo encuentros con partidos políticos, hizo una charla en la sede de una fundación, recibió la solidaridad del mundo del libro y de las bibliotecas, y pudo responder a múltiples entrevistas. Lo que más le emocionó fue la visita a la Biblioteca del Ateneu Barcelonès. Miró los catálogos de fichas como para asegurarse que estaba en un país libre. Buscó a Cabrera Infante y cuando encontró *Tres tristes tigres* dijo a sus acompañantes: «*Miren.*» Buscó también a Octavio Paz, a Kundera, en fin, todos los autores proscritos dentro de Cuba.

También visitó Girona donde señaló que, de entre los setenta y cinco presos, había tres de Nueva Gerona, la capital de la isla de la Juventud, hermanada con la capital catalana. Fue en aquella visita a Girona, después de enseñarle el Barrio Judío y la Catedral, y de ver los Baños Árabes y la Fontana d'Or, que hablamos con él. Lo hicimos en el bar Núria que es también el escenario donde se inició *Soldados de Salamina*, de Javier Cercas. Pensamos que, para un bibliotecario y un gran lector como Colás, era idóneo un espacio con referencias literarias.

¿Una biblioteca independiente tiene algo que ver con las bibliotecas que ha visitado en Girona y Barcelona?

Una biblioteca independiente tiene poco que ver con las bibliotecas que existen en un mundo libre y democrático. En Cuba el régimen no permite que nadie pueda abrir un espacio para prestar libros. Nada que ver con las bibliotecas que pueden tener en Girona, Barcelona o cualquier otra ciudad catalana. El sistema político cubano censura todo lo que no pasa por su prisma ideológico. Nuestras bibliotecas son bibliotecas... militantes, con poco espacio, unas cuantas estanterías que, seguro, tienen una cantidad de libros inferior a la biblioteca de la más pequeña escuela catalana. Son bibliotecas que se ubican en las casas y que, por tanto, no tienen las condiciones necesarias para ofrecer un servicio de calidad. Y tienen mala iluminación, estanterías deterioradas, reducido espacio para guardar los libros... No están conectadas a internet, que es un patrimonio absoluto del régimen. Ni siquiera tienen teléfono.

¿Son, literalmente, bibliotecas hechas en el comedor de casa?

Sí, pero esto tiene un gran mérito. Hay gente que ha aceptado perder la libertad de su casa para ofrecer libros y defender la libertad intelectual y de expresión.

¿A pesar de todo, ustedes se han convertido en un foco de actividad cultural?

Ciertamente, en las bibliotecas se hacen tertulias, conversaciones sobre libros, presentaciones de novedades literarias y de vídeos, debates sobre cualquier tema de actualidad cubana o mundial. Muchas bibliotecas han generado también peñas literarias muy consolidadas. Todo, sin duda, porque hay en juego mucha ilusión. Podemos no tener estanterías, ni internet, ni teléfono, pero tenemos unos bibliotecarios excelentes que ordenan los libros de acuerdo con un manual que hemos elaborado, llevan un registro de los libros prestados, llevan la cuenta de los lectores y hasta conocen sus preferencias.

¿Qué títulos están prohibidos en Cuba?

¿Quieren que les diga títulos concretos? La ciudad y los

perros o La fiesta del Chivo *de Vargas Llosa*, La Broma *de Milán Kundera*, Antes que anochezca *de Reinaldo Arenas*, todos *los de Cabrera Infante*, El laberinto de la soledad *de Octavio Paz*, La rebelión en la granja *de George Orwell*, etc...

¿Cuál es el tipo de lector habitual de las bibliotecas independientes? ¿Es solamente el opositor o es el público en general?

Les puedo decir cuáles eran los lectores de la primera biblioteca de mi casa, la que bautizamos con el nombre de Félix Varela. Llegamos a tener más de trescientos lectores. De estos, cien venían personalmente a buscar los libros. Los demás lo hacían siempre a través de un intermediario. El temor y la inseguridad que genera un sistema totalitario comporta este tipo de actitud en muchas personas. A pesar de todo, los libros nunca se perdían. ¿Quiénes eran esos lectores? El cubano, en general, tiene una grandísima curiosidad, y por tanto, a nuestras bibliotecas acudían personas de todo tipo. La verdad es que los que más se han acercado han sido los grupos disidentes, porque su posición política es lo más próxima a los intereses y objetivos de unas bibliotecas que quieren ser libres. No solamente, sin embargo, venía la disidencia. Hemos conocido muchos casos de militantes del Partido Comunista o de la Unión de Jóvenes Comunistas, de los Comités de Defensa de la Revolución, que de manera silenciosa han tenido interés en acceder a nuestras fuentes bibliográficas. Y nos consta también que, actualmente, continúan teniendo el interés intelectual de tener en sus manos las publicaciones que, en Cuba, solamente tienen las bibliotecas libres.

¿Y no les da miedo tener este tipo de lectores?

No. Todo termina contribuyendo al cambio de mentalidades que necesitamos. El agente de la policía política que detuvo a mi esposa en 1999, durante el interrogatorio le dijo: «Si supieses lo que me habéis hecho leer desde que inventasteis eso de las bibliotecas independientes». Es una anécdota que dice diferentes cosas. Primera, el impacto que debe tener nuestra iniciativa no debe ser menor, cuando el régimen ha tenido que preparar culturalmente a las fuerzas represivas, para afrontar las capacidades intelectuales y el alto nivel de formación que tiene un bibliotecario libre. Y segunda, no podemos descartar que el espíritu libre de los libros haga mella incluso en esa gente.

Nos hablaba de la primera biblioteca, la biblioteca de su casa, en Las Tunas. ¿Por qué le pusieron Padre Félix Varela? ¿Supone eso alguna proximidad con el Proyecto Varela?

El nombre de Félix Varela no tiene nada en común con el Proyecto que lleva el mismo nombre. Sabemos que el Padre Varela enseñó a pensar a los cubanos. Tiene el mérito histórico, junto con José Martí, José de la Luz y Caballero y otros, de haber hablado de la dignidad del cubano, de su capacidad, de su inteligencia. Varela creó en el cubano la voluntad de trabajo y el respeto al otro, un alto grado de responsabilidad social, de disciplina, de justicia y de virtud como base del bien común. Estas cualidades del Padre Varela y sus enseñanzas son las que nos han motivado a poner su nombre a la primera biblioteca de nuestro proyecto.

Si no directamente vinculadas con el Proyecto Varela, las bibliotecas sí que tienen un vínculo muy fuerte con la disidencia. Usted mismo participa en las actividades opositoras antes de la creación de las bibliotecas, ¿verdad?

Por supuesto. Mi relación con la disidencia es anterior a la creación de la primera biblioteca, porque desde el año 1994 estoy vinculado a las fuerzas predemocráticas de manera muy pública, y ya antes –en un ámbito más cerrado– realizaba actividades contra la intolerancia en el país. Una vez consolidado el movimiento de las bibliotecas, de una manera natural, establecimos unas relaciones excelentes con periodistas independientes, con campesinos que se organizaban fuera del control oficial, con partidos políticos y grupos dedicados a la supervisión y la defensa de los derechos humanos.

¿Pero en las bibliotecas se recogieron firmas a favor del Proyecto Varela?

En las sedes de las bibliotecas se han realizado reuniones de grupos defensores de los derechos humanos y de partidos políticos. La sede de la Sociedad de Periodistas Independientes de Cuba estaba en la Biblioteca Jorge Mañach, dirigida por Ricardo González, que hoy cumple una pena de prisión superior a veinte años. Y en un grupo de bibliotecas, sí, se recogieron firmas a favor del Proyecto Varela. Las bibliotecas son un espacio abierto a todos los cubanos.

¿En qué medida su salida hacia el exilio y la salida de los promotores del proyecto de bibliotecas, afectó su desarrollo?

En aquel momento las autoridades y la policía política hicieron todo lo posible para que con nuestra salida desapareciese el proyecto. Hicieron de todo. Robaban los li-

bros que nos enviaban de otros países, hacían campañas de desinformación y descrédito contra el proyecto, intensificaron su red fantasma de bibliotecas «democráticas» con falsos disidentes... Todo eso no evitó que el proyecto siguiera adelante con mucha fuerza.

¿La Primavera Negra fue un torpedo de gran potencia en su línea de flotación?

Sí, todo se tambaleó mucho. Veintidós bibliotecas fueron registradas, quince fueron clausuradas y trece bibliotecarios detenidos. Los libros que se confiscaron, después, se utilizaron como prueba en todo el sumario. Hubo un momento en que, por diferentes procesos, había diecisiete bibliotecarios en prisión. Con la ola represiva hubo cierta parálisis en el desarrollo del proyecto. En el mes de abril de 2003 se inauguró, sin embargo, una nueva biblioteca en Matanzas. Era el símbolo que indicaba que los bibliotecarios mantenían su disposición a ofrecer libros y a defender la lectura libre del compromiso oficial.

De los bibliotecarios que están presos hay una historia que nos ha impresionado mucho: la de Víctor Rolando Arroyo. No sólo porque es el que tiene una condena más larga. También por su tenacidad para tirar adelante la difusión de las bibliotecas y por su historia de los Reyes de Oriente.

Víctor Rolando Arroyo es un bibliotecario de Pinar del Río que en el año 2000 fue condenado a seis meses por una razón que, en las latitudes democráticas es impensable: repartir juguetes entre los niños necesitados en el día de Reyes. La iniciativa llevaba por nombre Reyes Magos del Milenio y contaba con la colaboración económica del exilio cubano. Para el régimen todo esto fue inaceptable: la recuperación de una tradición cristiana, poner en evidencia que había niños necesitados, el financiamiento... Arroyo fue detenido cuando estaba a punto de comprar los juguetes. Fue acusado de tener unos dólares que no podía explicar de dónde habían salido y, por tanto, de acaparar bienes públicos.

¿Es esta historia la que motivó el nombre de su biblioteca?

Sí, en recuerdo de aquella acción solidaria, a la biblioteca independiente que Víctor Rolando fundó en casa de su madre le puso Biblioteca Independiente Reyes Magos. Y ciertamente, como dicen ustedes, es una persona muy activa y, en poco tiempo, acumuló seis mil libros. No contento con haber creado este foco cultural se convirtió en el promotor de la red de bibliotecas de la provincia, a las que proveía de libros que, periódicamente, repartía. Fue detenido el 18 de marzo de 2003 y condenado a prisión por «actos contra la independencia y la integridad de la Seguridad del Estado». La sentencia decía que era un «traidor a la nación cubana y un mercenario a los servicios de los Estados Unidos». De hecho, un topo de la Seguridad del Estado que se había infiltrado en la organización de las bibliotecas de Pinar del Río explicó que la Oficina de Intereses de los Estados Unidos, periódicamente, le proporcionaba libros y artículos. Y que la moto que se le había requisado, junto con los libros, también se la había facilitado esta oficina con el objetivo de repartir libros por la provincia.

¿Y qué piensa de estas acusaciones?

Pienso que son totalmente ridículas. Que es ridículo

que esto se diga de hombres cuyo único delito es traficar con libros. Tan ridículo como el peritaje que se dio a conocer, durante este juicio, sobre el contenido de la biblioteca independiente Reyes Magos. Lo firmaban tres profesores de la Universidad de Pinar del Río. Para esos «prestigiosos» peritos estaba claro «el carácter reaccionario de los libros requisados a la biblioteca». Para demostrar esta afirmación durante el juicio, los profesores universitarios leyeron pasajes de algunos de estos libros que «atentaban contra el prestigio de la nación y de figuras centrales como Martí y el Ché Guevara, con planteamientos irrespetuosos e irreverentes». El peritaje no se limitó a evaluar los libros. Se permitió también juzgar los 699 artículos elaborados por Víctor Rolando. Se consideraban artículos sensacionalistas y oportunistas «sin soporte científico y con contenidos manifiestamente falsos». Todo el conjunto, insisto, es ridículo.

¿También es ridículo que se diga que están atados a los intereses de los Estados Unidos?

También es ridículo. El dictador lo planteó así, pero es falso. Es cierto que hemos recibido ayuda de los Estados Unidos, pero también de otros países del mundo. Agradecemos esta ayuda venga de donde venga. Pero lo nuestro es un movimiento auténticamente cubano y responde a una lógica auténticamente cubana.

¿A pesar de todo este proceso, sigue habiendo empuje para que el proyecto continúe creciendo?

Sí, sí, a pesar de las violaciones de los derechos humanos que se han cometido contra los bibliotecarios, hay personas dispuestas a abrir nuevas bibliotecas. Deben tener en cuenta que cuando nosotros marchamos al exilio había alrededor de noventa. Ahora hay más de ciento cincuenta ¿Cómo se explica? El cubano tiene una gran necesidad de información. Somos un proyecto consolidado y bien visible en todo el país. Y mientras haya en el país un acceso tan pobre a la información, cada vez irá ganando más espacios.

¿Eso quiere decir que el día que llegue la democracia dejará de tener sentido?

En aquel momento habrá que educar a los demócratas y, por tanto, las bibliotecas serán más necesarias que nunca.

¿Entonces regresará a Cuba?

Regresaré cuando no haya dictadores, cuando Cuba sea libre.

Vladimiro Roca

El hijo disidente del secretario general de los comunistas

Si alguien en Cuba parecía predestinado a mantenerse fiel a la ortodoxia comunista, éste era Vladimiro Roca Antúnez, un cubano al que el comunismo le determinó hasta el nombre y apellido. Su padre, Blas Roca (1908-1987), secretario general de los comunistas cubanos, le puso Vladimiro de nombre en homenaje a Lenin. «*Los hijos no escogen los nombres* –dice cuando le preguntamos cómo se siente un disidente con el nombre de este "santo"–. *Los padres son responsables de ello. Y soy disidente llevando este nombre, de la misma manera que podría serlo llevando cualquier otro. Y en cuanto a Lenin: no creo que ninguna iglesia lo santifique. De acuerdo con las informaciones que han aparecido después de la desintegración de la Unión Soviética, hemos podido ver que no era tal como lo pintaba la propaganda comunista, sino un personaje más bien tenebroso y lleno de odio.*»

Al hoy líder del Partido Socialdemócrata de Cuba, el comunismo no sólo le determinó su nombre. También el apellido. Según explica Guillermo Cabrera Infante en *Mea Cuba*, el padre de Vladimiro, Francisco Calderío, se cambió el apellido imitando a Stalin. Los comunistas de aquellos años tenían que ser fuertes como la piedra o el más duro de los metales. Calderío se rebautizó Roca, de la misma manera que Djugashuili se rebautizó Stalin (*acero*). Esta versión de Cabrera Infante no convence mucho a Vladimiro. «*Mi padre se cambió el nombre en el año 1939 –explica– cuando, con la legalización del partido, pudo comenzar a hacer política públicamente. Le pareció que Francisco Wilfredo Calderío no era un nombre para hacer política y se lo cambió por uno corto y fácil de recordar: Blas Roca.*» En cualquier caso, Vladimiro Roca tiene nombre y apellido determinados por la fe marxista de su padre.

También la biografía de Vladimiro Roca está muy influida por su padre. Sin él, por ejemplo, seguramente no habría sido piloto. En primer lugar, porque la pasión por volar nació en él en el año 1948 cuando, con solamente seis años, subió por primera vez a un avión, acompañando a su padre a hacer campaña política en Nueva Gerona, en la isla de Pinos, (hoy isla de la Juventud). Aquel día se mareó tanto que se pasó el vuelo vomitando. A pesar de todo, los aviones se convirtieron en su gran pasión. De niño coleccionaba aviones y de adolescente le gustaba el aeromodelismo. En segundo lugar, porque ya con la Revolución, ser hijo de Blas Roca, admite hoy Vladimiro, le debió abrir algunas puertas para poder seguir un curso de pilotaje en la Unión Soviética.

Para poder tener una beca para estudiar en el exterior era necesario, de cualquier manera, ser miembro de las Juventudes Rebeldes y subir a cinco picos, preferentemente de la Sierra Maestra. Ambas condiciones, fueron cumplidas por Vladimiro. Subió cinco veces a la cima del Pico Turquino, la montaña más alta de Cuba. Corría el año 1961 cuando se marchó a Rusia. Allí estuvo hasta 1963 estudiando la profesión de piloto de combate y navegante de bombarderos, lo que le permitía manejar los famosos Mig soviéticos. No sólo aprendió la profesión, también se casó con una rusa.

De regreso a Cuba, durante el inicio de su carrera profesional fue un típico cachorro de la «nomenclatura». Formó parte de la Fuerza Aérea Revolucionaria y trabajó como capitán de aeronaves de transporte. Se licenció en Relaciones Económicas Internacionales y, cuando en los años setenta, dejó de ser piloto, ocupó diferentes responsabilidades en el ámbito económico. Ser hijo de comunistas no lo inmunizaba, sin embargo, de disentir. Y, a pesar de su privilegiada posición, a Vladimiro Roca cada vez había más cosas del sistema que no le gustaban.

Cuando le preguntamos por el origen de su disidencia se sumerge en la memoria y nos dice: «*En el año 1967 ya voté "no" al referéndum que aprobó la constitución de la república. Me parecía que en ella los derechos fundamentales no estaban garantizados. Y en 1989 me posicioné en contra del fusilamiento del general Ochoa. Un año después, expresé mi decisión de trabajar para cambiar el sistema, de forma pacífica y acogiéndome, tanto como fuera posible, a las leyes vigentes. Entonces trabajaba en la dirección de Comité Estatal para la Colaboración Económica.*» A partir de aquí, su acercamiento a la disidencia fue inversamente proporcional a su alejamiento del mundo oficial. Las consecuencias no tardaron en llegar. En enero de 1992 fue expulsado de su trabajo y, en febrero, fue objeto de un enorme acto de repudio delante de su domicilio.

Convertido ya en disidente, Vladimiro Roca ha trabajado en diversos frentes. Uno de ellos ha sido la vertebración de un espacio político socialdemócrata. En este intento, en diciembre de 1991 fundó, junto a otros opositores, la Corriente Socialista Democrática de Cuba. De esta organización, si se quiere, «partido», Vladimiro fue el líder natural. Sus compañeros le reconocieron autoridad moral y admiraron que, por dignidad frente a la dictadura, abandonase privilegios y posición. También le reconocieron su indiscutible competencia. Vladimiro supo encaminar la oposición a que, más allá de la reivindicación democrática, planteara también reivindicaciones socioeconómicas. Hablaba de los desastres de la zafra y de sus consecuencias sociales, de los problemas de desabastecimiento alimentario, pero también del malestar por la prohibición de la inmigración interna o del alquiler de habitaciones a los turistas, una manera de complementar los sueldos miserables.

En relación al liderazgo de la socialdemocracia, nos consta que hay un capítulo que dolió especialmente a Roca. Es aquel por el que se le apartó de la dirección de la Corriente Socialista Democrática, que pasó a manos de Manuel Cuesta Morúa. A causa de este episodio, en agosto de 1996 Vladimiro Roca y sus seguidores se escindieron de la Corriente para fundar el Partido Socialdemócrata de Cuba.

Más allá de la socialdemocracia, Roca ha desarrollado un importante trabajo a favor de plataformas conjuntas de la oposición democrática. El documento de junio de 1997 «La Patria es de Todos», que lo llevó a la prisión, es ya una demostración de su capacidad aglutinadora. Lo firmó junto con Félix Bonne, René Gómez y Martha Beatriz Roque. Estas cuatro personalidades hicieron un llamamiento a favor de la democracia y desafiaron al régimen exigiéndole unas elecciones libres en las que pudieran presentarse. «*Si los ciudadanos apoyan al Partido Comunista, tal como se dice, no hay razón para que el partido no pueda ganar ampliamente unas elecciones, hecho que haría callar a todos los detractores del sistema.*»

El 16 de julio, diecinueve días después de haberse hecho público el documento, sus cuatro promotores fueron detenidos y encarcelados. De los cuatro, Roca fue quien recibió una condena más larga. Hay quien dice que se trataba del encarnizamiento típico de las venganzas de Fidel Castro. Otros consideran que era un escarmiento para impedir que cuadros directivos, aún vinculados a esferas gubernamentales, pudieran seguir su ejemplo. De cualquier manera, Roca cumplió la condena en una celda de máximo rigor en Cienfuegos.

El día 5 de mayo de 2002, después de cumplir cerca de cinco años de cárcel, fue liberado. Pocos meses más tarde se convirtió en el coordinador y portavoz de Todos Unidos, una plataforma que será trascendental en la vertebración de la oposición. Su labor en esta plataforma confirmó a Roca como un aglutinador de las fuerzas que tienden a la dispersión y a menudo a la contraposición. Roca fue capaz de poner Todos Unidos al servicio del Proyecto Varela de Oswaldo Payá, pero también de participar en la Asamblea para Promover la Sociedad Civil, de Martha Beatriz Roque. Esta versatilidad que también posee, se refleja a la hora de relacionarse con el complicado mundo del exilio de Miami; así, es capaz de mantener una relación muy fluida, por ejemplo, con la Fundación Nacional Cubano Americana de Mas Santos.

Esa capacidad, su relación histórica con buena parte de la «nomenclatura», su condición de mulato en un país muy negro, hacen pensar a más de uno que Vladimiro Roca puede jugar un papel fundamental en la transición. *«Puede ser un hombre puente entre el régimen y la disidencia»*, afirman.

¿Cómo habría visto su padre su alejamiento de la Revolución para convertirse, hoy, en uno de los más importantes disidentes de Cuba?

Mi padre siempre me insistió en que tenía que pensar por mí mismo. Nunca me hizo leer ningún libro sobre el marxismo. Me sugería lecturas, pero jamás me obligó a leer nada. Siendo así las cosas, la decisión de estudiar marxismo o de afiliarme a la Juventud Socialista, las juventudes del partido que él dirigía, fue mía. En consonancia, pues, con lo que él me enseñó, cuando creí que lo que se estaba haciendo en Cuba nada tenía que ver con la idea que yo tenía del socialismo, lo manifesté de forma pública y comencé a hacer oposición pacífica al gobierno.

En uno de sus libros, Milán Kundera afirma que, viendo a dónde había ido a parar el comunismo, los que en su momento se alinearon de buena fe con esa ideología, hoy se tendrían que arrancar los ojos. ¿Usted, a gente como su padre, les puede recriminar algo?

Yo no soy nadie para juzgar la tendencia ideológica de los demás y, menos, la de mi padre. Él fue el producto de una época difícil de nuestra historia. En la familia existía un sentimiento patriótico muy fuerte. Él lo heredó. Su carácter se forjó a lo largo de su experiencia vital. No le regalaron nada, comenzó desde muy abajo: vivió la pobre-

*za, pasó hambre y sufrió en carne propia la explotación.
Desde muy joven comenzó a trabajar. Estuvo de aprendiz
en una zapatería, donde se vinculó a la lucha sindical. También trabajó como maestro. Y estuvo en diversas ocasiones
en la prisión, por su lucha a favor de los trabajadores. Como gran lector que era, encontró en el marxismo la cana-
lización a sus inquietudes como trabajador. Y se entregó a
esta ideología con toda su inteligencia, buscando ayudar
siempre a los más desfavorecidos de la sociedad. No le puedo reprochar nada porque fue un hombre con muchas virtudes y pocos defectos, que sintió toda su vida amor y respeto por el pueblo, al que dedicó su abnegada lucha.*

Fue comunista muchos años antes que Fidel Castro...

*Sí, fue secretario general del Partido Socialista Popular,
los comunistas cubanos, desde 1935 hasta 1961. Durante
la Revolución, participó en el proceso de unificación de diferentes fuerzas revolucionarias, entre ellas, el Movimiento 26 de Julio de Fidel Castro, en un partido único que
acabaría por denominarse Partido Comunista de Cuba.
Siempre formó parte del Comité Central y del Buró Político del PCC.*

Si no vamos desencaminados, su padre fue una pieza fundamental en la conexión con la Unión Soviética. ¿Fue por
esta vía que Fidel Castro se vinculó con Moscú?

*Sí, mi padre había estado en Moscú en una reunión de
la VII Internacional, en el año 1934. Entonces, y en la visita que posteriormente hizo en 1946, estableció importantes
complicidades. En ambas oportunidades se reunió con Stalin. Sí, mi padre tuvo un papel fundamental en la consoli-
dación del soporte de la Unión Soviética a Fidel Castro.*

¿Qué relación mantuvieron su padre y el Comandante en Jefe?

Miren, mi padre era comunista y dio su apoyo a una Revolución que ha ido a parar donde ha ido a parar. Yo siempre he tenido la convicción, quizás determinada por el gran respeto que sentía por él, de que era un demócrata. Era un hombre muy tolerante. No era un totalitario. Dentro del régimen, fue un contrapeso a la personalidad de Fidel Castro, a pesar de que su fuerza nunca fue suficiente para contenerlo.

¿En algún momento se mostró crítico con el rumbo que tomaba la Revolución?

Era muy discreto respecto a las cosas de su trabajo y mantenía a la familia al margen de los problemas políticos. Sobre su visión de cómo se desarrollaba la Revolución, y sobre la dirección de Castro, nunca llegamos a hablar. Lo único que le escuché decir en el año 1980, durante los hechos de la embajada del Perú y el éxodo del Mariel,[29] es que todo aquello no le gustaba nada. Me mostró su rechazo, tanto por los actos de repudio, como por la vio-

[29] Hechos de la embajada del Perú y éxodo del Mariel. Crisis por la que marcharon a los Estados Unidos más de 125.000 cubanos, en un período de seis meses. Los sucesos se desencadenaron a principios de 1980, cuando un autobús, con seis cubanos en su interior, rompió la barrera de la embajada peruana en La Habana en busca de asilo político. Perú les dio asilo y, cuando se hizo público, acudieron a la sede diplomática más de 10.000 cubanos pidiendo la misma acogida. El régimen castrista intentó desacreditar esta avalancha, en que participaron las familias más desfavorecidas de la isla. La huida se produjo a través del puerto de Mariel, en la provincia de Pinar del Río. Aunque fueron los Estados Unidos los que recibieron la mayor cantidad de ellos, otros países acogieron también a «marielitos».

lencia que se estaba produciendo. Convaleciente de una trombosis cerebral, reaccionó diciendo: «¡Coño, eso es fascismo!»

¿Cómo encaja que, desde las filas del régimen, se le compare con su padre y se diga que él nunca cambió de «casaca» y usted sí?

Eso no es más que propaganda.

¿Qué recuerdos tiene de los días de la Revolución?

De los primeros días, muy buenos. Era, según creímos en aquellos momentos, el fin de una dictadura siniestra y el comienzo de una nueva etapa de libertad y desarrollo. Los hechos posteriores se encargaron de demostrar cuan equivocados estábamos.

Supongo que en el año 1961, para un cubano, llegar a Moscú debía ser una cosa muy impactante.

Indudablemente. Para mí llegar a la Unión Soviética era llegar a la patria de Lenin y Stalin, un país por el cual, por razones familiares, sentíamos una gran admiración.

¿Qué impresión le causó? ¿Era un país a imitar?

No puedo darles una respuesta muy elaborada. Sí que les puedo evocar algunas impresiones. Una de las primeras cosas que me impactó fue ver a una mujer abriendo una calle con un martillo neumático. En nuestra cultura no concebíamos que una mujer pudiese hacer un trabajo tan duro. También me llamó la atención que sus coches fuesen más viejos que los que circulaban por Cuba. Nosotros íbamos con coches americanos de los años 59-60 y los de Moscú eran de los años cuarenta. Era lo que, de algún mo-

do, pasaba con las fábricas, con los talleres. ¡Estaban en los años cuarenta! También me causó gran impacto visitar los mausoleos de Lenin y Stalin. Tener aquellas momias, una más antigua, y la otra más reciente, era una cosa absolutamente inverosímil en nuestro contexto cultural.

¿Tuvo relación personal con Fidel Castro?

Coincidí por primera vez con él en la preparación del viaje a la URSS en el año 1961, y luego cuando nos vino a despedir al aeropuerto. Después lo vi en diversos actos políticos en los que yo acompañaba a mi padre. También recuerdo, como es lógico, las veces que vino a casa para hablar con mi padre.

¿Qué impresión tenía de él?

El primer día que lo vi me impresionó mucho su mirada. Era la mirada de una persona cruel, dura, capaz de cualquier cosa. En las reuniones en casa, con mi padre, yo no participaba. Pero sí que pude observar que mi padre siempre lo miraba a la cara, y él no. Los ojos de Castro miraban hacia otro lado, nunca a la cara. Bien, mi abuelo siempre me decía que nunca puedes confiar en una persona que no te mira a la cara.

¿Hasta qué punto fue usted una persona militante y comprometida con el partido?

Yo nunca he formado parte del partido. La única organización a la que pertenecí fue a la Juventud Socialista, que eran las juventudes del partido de mi padre, pero eso fue antes del triunfo de la Revolución de enero del año 1959. Después, jamás fui del partido, porque no me aceptaron.

¿Qué nos está diciendo?

Sí. En el año 1964, cuando yo estaba dentro de las fuerzas armadas, en Holguín, una comisión evaluó quiénes de nosotros podíamos ingresar en el partido. Nos sometieron a un intenso interrogatorio. Yo fui muy franco, y ellos llegaron a la conclusión de que yo no podía ser comunista.

¿Y qué les explicó?

Pues, cosas de juventud en que yo había participado igual que todos mis compañeros... Yo fui franco y no me admitieron. Otros ocultaron la verdad y les dieron el carné del partido. ¿De qué estoy hablando? Pues, en algunas ocasiones, en la URSS, me había escabullido de la base militar y había participado en Fiestas de Perchero.

¿Fiestas de qué?

Sí, eran unas fiestas nudistas... Bien, la conclusión es que no me admitieron. Y, en aquel momento, a mí me dolió mucho. ¡Yo me sentía comunista! Me dolió que no me admitiesen en el partido de mi padre.

¿Y su padre, qué le dijo?

Le expliqué todos los detalles y me dijo que no me preocupase. «¡No todos los que tienen el carné son comunistas!», me dijo. Y, de hecho, posteriormente he podido comprobarlo: mucha gente del partido más que comunistas, son oportunistas. Visto a la altura de este tiempo, me alegro de que no me admitiesen.

¿Y cómo pasa, definitivamente, al barco opositor? ¿Hay un día en que uno dice «ya soy un disidente»?

Si hay un día determinado, éste fue uno del año 1991.

Coincidí, entonces, en una boda, con Elisardo Sánchez Santacruz, presidente de la Comisión Cubana de Derechos Humanos y Reconciliación Nacional. Yo, frecuentemente, lo había escuchado hablar en Radio Martí. En aquel momento acababa de salir de la prisión, por unas declaraciones en relación al general Ochoa. Ambos coincidimos en que, a Ochoa, no lo habían matado por lo que había hecho, sino por lo que sabía. Tuvimos una larga conversación. Y caímos en la cuenta de que los dos proveníamos de las juventudes del Partido Socialista Popular, que nos identificábamos con la socialdemocracia... Al cabo de unos meses, con Elisardo, fundamos la Corriente Socialista Democrática Cubana.

¿Por qué decidió, a partir de un momento determinado, entrar en relación con aquellos que, desde el régimen, siempre habían sido considerados enemigos, como los miembros de la Fundación de Mas Canosa o de Radio Martí?

Tuve relación con la Fundación Nacional Cubano Americana, de igual manera que la tuve con cualquier otra organización del exilio cubano, por dos razones. Primera, porque no me dejo llevar por la propaganda negra del gobierno cubano y, segunda, porque mi línea política no prevé la exclusión, marginación o discriminación de ningún cubano. Y sí, hago declaraciones en Radio Martí. En mi posición política parte de mi trabajo consiste en hablar por los medios de comunicación que quieran conocer la opinión que tengo sobre la actualidad de mi país. Es un derecho que tengo y al que no renunciaré.

Según esa propaganda, usted, durante un semestre, llegó a hablar hasta setenta y una veces por Radio Martí. Esta afirmación demuestra: una, que el régimen escucha la emisora y, dos, que ésta es un soporte importante para la disidencia...

Más que un soporte, ha supuesto la única manera que hemos tenido para hacer llegar nuestras ideas y opiniones a la población.

¿De dónde beben la socialdemocracia?

Olof Palme [30] visitó Cuba hacia el año 1969. Hizo intervenciones públicas. Apareció en la prensa. Me interesó mucho el programa político que él representaba: un desarrollo económico que permitiese un alto nivel de prestaciones sociales. Nuestro modelo es aquel: el de Suecia, el de los países nórdicos que, evidentemente, requiere una adaptación a las condiciones y la idiosincrasia cubana.

¿Y eso cómo puede concretarse? Hoy, en Suecia, la educación y la sanidad se están privatizando. ¿En Cuba se podrán privatizar sectores que, según la propaganda, han conseguido «logros» revolucionarios?

Todos esos «logros» educativos, sanitarios y deportivos no existen más allá de la propaganda. En cuanto a la educación, se ha conseguido la universalización, la enseñanza para las masas. No hay, en cambio, calidad. Se trata de una enseñanza absolutamente politizada. Es gratuita, sí, pero la estamos pagando a un precio muy alto: el de la falta de libertad y de objetividad. Antes de la Revolución, la educación cubana no era mala. Estábamos entre los pri-

---

[30] Líder del Partido Socialdemócrata de Suecia y primer ministro sueco. Fue asesinado el año 1986 siendo primer ministro.

*meros de toda la América Latina. Soy de los que cree que
en el futuro de Cuba tiene que haber suficiente libertad para que, frente a una buena escuela pública, hayan otras
privadas donde los padres puedan llevar a sus hijos: escuelas católicas, protestantes o judías. Tendrá que existir
un programa educativo aprobado por el gobierno con los
contenidos mínimos. Cada escuela estará obligada a apli-
carlo, pero, con libertad.*

¿Y respecto a la salud?

*Yo no practico la exclusión. Creo que la competencia
confiere calidad a la educación, a la salud... Si solamente
hay instituciones estatales, se degradan, porque no hay
competencia.*

¿Y qué pasará con la telefonía? ¿Y con servicios como el
eléctrico? Servicios que eran de compañías públicas que,
en todas partes, se han privatizado...

*Cada sector requerirá un análisis técnico-económico pa-
ra ver si será más eficiente el sector público o el privado.*

¿Y en un sector como el transporte, tan deficiente en Cuba?

*Antes de la Revolución, el trasporte público lo realiza-
ban empresas. La función de una administración es, quizás, dejar que empresas presten el servicio y cobrarles im-
puestos.*

¿Es éste el programa del Partido Socialdemócrata Cubano?

*Éstas son mis ideas, las que defenderé en el Primer Con-
greso del partido, cuando podamos convocarlo libremente. De la discusión colectiva saldrá un programa y unos estatutos que recogerán, o no, estas ideas.*

¿El documento «La Patria es de Todos», qué aportación supuso en la historia de la oposición al régimen?

Tiene una importancia fundamental. Su contenido mantiene plena vigencia. Desde el punto de vista personal, es igualmente fundamental. Por este documento fuimos a la prisión, una experiencia que ha marcado mi trabajo posterior.

¿En qué despacho se decidió su encarcelamiento?

Esta pregunta debería contestarla el gobierno.

¿Fue durante los años en prisión que se convirtió al cristianismo?

Me bauticé en la prisión de Ariza, en Cienfuegos, el 24 de septiembre de 1998. Pero antes de entrar en prisión ya estaba estudiando el catecismo.

Explíquenos su conversión…

A principios de los noventa, el gobierno activó una política de odio, de bajas pasiones, una política que nublaba el entendimiento. Yo creí que todo aquel odio se debía contrarrestar con amor y tolerancia. En la búsqueda de esas actitudes me encontré a Jesús y su teoría del amor. La primera lectura que me hizo conocer a Jesús fue un cómic mexicano sobre su vida. Después, hice otras lecturas. Y en ese proceso descubrí que, sin darme cuenta de ello, Dios había estado a mi lado en momentos cruciales de mi vida.

¿En qué momentos?

Puedo explicarles, por ejemplo, que siendo niño, en San José de los Lagos, en Las Villas, estaba cerca de un lago y, por la espalda, me empujaron al agua. La situación era muy peligrosa porque, en el fondo, había lodo. Varias personas intentaron sacarme, pero no pudieron. Perdí el conocimiento. Entonces comencé a ver una luz y empecé a caminar... Y ¡me salvé!... Para mí, aquella luz, era una señal de Dios.

¿Nos está relatando un milagro?
Podríamos decirlo así.

¿En la prisión consolidó esa fe?
En la prisión sentí muy cerca la presencia de Dios.

Y salió de la prisión hablando de diálogo...
Del diálogo comenzamos a hablar en los años 1993-94. Al salir de la prisión tuve un convencimiento, aún mayor, de la necesidad de trabajar para eliminar el odio de las relaciones sociales en Cuba. Salí más convencido que nunca de avanzar en un proceso de reconciliación nacional.

El diálogo ha sido la bandera de Todos Unidos y del Proyecto Varela. Para los no iniciados, ¿qué relación tienen plataforma y proyecto?
Todos Unidos es una concentración de organizaciones opositoras que surgió en 1999. Nació para presentar un documento único de toda la oposición a los asistentes de la IX Cumbre Iberoamericana, que se celebró en La Habana. Una vez constituida pareció que debía perdurar. En el año 2000 hizo suyo el Proyecto Varela, que era una iniciativa del Movimiento Cristiano de Liberación, lanzado en 1998. Cuando Todos Unidos hizo suya la recogida de firmas, y todas las organizaciones que la integraban se implicaron, el Proyecto Varela tuvo el soporte de 24.000 fir-

mas, 11.020 de las cuales fueron presentadas a la Asamblea Nacional del Poder Popular. Respondiendo exactamente a la pregunta puedo decir, entonces, que Todos Unidos dio soporte a un proyecto de Payá, de la misma manera que dará soporte a cualquier proyecto opositor.

¿Todos Unidos o todos desunidos? Castro, en *Fidel Castro, biografía a dos voces*, en diversas ocasiones le insiste a Ignacio Ramonet en que la disidencia está muy dividida...

Esa idea de la división es un pretexto miserable, que a algunos va muy bien, como por ejemplo a los gobiernos europeos, para no apoyar nuestras reivindicaciones. La disidencia está unida en los objetivos fundamentales: libertad para los presos, cambios hacia la democracia, respeto a los derechos humanos y proceso electoral pluripartidista. Se diverge, en función de la experiencia de cada uno, en cómo conseguirlo.

¿Aparte del Proyecto Varela, qué otras iniciativas ha impulsado Todos Unidos?

En diciembre de 2002 presentamos la propuesta de «Medidas para salir de la crisis», que se discutió por todo el país, a través de las organizaciones opositoras. En febrero de 2004 se presentó la segunda versión, que incorporó las sugerencias que surgieron de la discusión. Son propuestas que tienen plena vigencia y continuarán teniéndola mientras el gobierno se niegue a asumirlas.

¿En qué medida el movimiento opositor de aquel momento conectó con la población cubana?

Creo que en el año 2002 nos habíamos convertido en un rayo de esperanza para muchos cubanos, incluso para los que dentro de la «nomenclatura» deseaban reformas. Desgraciadamente no tuvimos visión política, ni asumimos el liderazgo como teníamos que haberlo hecho y, así, dejamos pasar una magnífica oportunidad para acelerar los cambios.

¿En tanto que socialdemócratas, la Internacional Socialista les da el soporte que necesitan?

Por desgracia no. Muy de vez en cuando hace una declaración sobre la situación de Cuba, pero nada muy concreto. Desde que murió el dominicano José Francisco Peña Gómez, que fue su vicepresidente, la solidaridad de la Internacional Socialista con los socialdemócratas cubanos se ha reducido casi hasta desaparecer.

Usted ha rechazado la política española, y la de la Unión Europea, que abandonó una posición dura, para establecer los puentes de diálogo con el régimen castrista, en beneficio de unos resultados que –con excepción de la libertad de Raúl Rivero– han sido escasos. ¿Continúa siendo tan crítico con la política de Zapatero?

Sí, mientras no cambie el enfoque del problema cubano.

En la recepción en la embajada española del año 2004, el embajador Carlos Alonso Zaldívar dijo que el gobierno español consideraba errónea la política de invitar disidentes a sus actos, pero que lo continuaban haciendo porque así lo aconsejaba la Unión Europea. Entendiendo estas palabras como una descortesía, Oswaldo Payá y Martha Beatriz Roque abandonaron el acto. ¿Por qué usted se quedó?

Porque, políticamente, consideré mejor dar a conocer mi punto de vista al resto de diplomáticos y personas que estaban presentes. Además, la fiesta no era del embajador, sino del pueblo y del estado español. De todas maneras, al marcharme, le demostré mi rechazo despidiéndome de todos los funcionarios de la embajada, pero no de él.

¿La crisis que se inició el 31 de julio de 2006 con la enfermedad de Castro tiene marcha atrás?

El capítulo final del totalitarismo castrista comenzó en el año 2003 y no tiene marcha atrás.

¿Hasta cuándo están dispuestos a esperar?

Hasta que Cuba sea una democracia. Ésta es una carrera de resistencia. No de velocidad. Yo he dicho a menudo que aquello que no es posible en un momento determinado, lo puede ser al cabo de unos años, meses, días...

Usted ha definido el castrismo como un «*sistema político totalitario represivo y económicamente ineficaz*». ¿Prevén que las reformas comiencen sólo por uno de los dos ámbitos? Es decir, ¿una salida a la manera china, que resolviese únicamente la ineficacia económica, cree que sería aceptable?

Sería una manera de comenzar los cambios. La economía de mercado es la única que, hasta el día de hoy, ha demostrado eficiencia. La mejora de la situación del pueblo es, por otro lado, fundamental.

¿El desarrollo de la Revolución ha invalidado el sueño comunista?

El experimento de los Castro invalida el sueño comunista. Pero invalida, principalmente, una cierta práctica socioeconómica, y la falta de libertad y de democracia que presupone como modelo.

Oscar Espinosa

El preso de Guantánamo

El centro de reclusión de la base norteamericana donde están encarcelados los presuntos miembros de Al-Qaida capturados en Irak, no es el único centro penitenciario de Guantánamo. En el territorio cubano está la Prisión Provincial que, aparte de retener presos comunes, debería ser conocida porque allí han cumplido condena numerosos presos políticos y de conciencia. Uno de ellos es Oscar Espinosa Chepe, un economista que pasó de los despachos adjuntos al Comandante en Jefe a probar las infectas prisiones del régimen.

Nacido en 1940, Espinosa se licenció en la Universidad de La Habana. En los años sesenta se ganó un gran prestigio como experto en temas agrarios, de manera que en 1964 llegó a ser miembro del equipo económico de la oficina del primer ministro Fidel Castro. Allí, su análisis económico de la situación cubana fue considerado como lo que hoy diríamos «políticamente incorrecto», y fue separado de su cargo por defender ideas «inapropiadas» en el marco de un sistema socialista. Como un ángel caído, Chepe acabó realizando los trabajos más humillantes. En mayo del 68, y del 69, mientras en París muchos jóvenes iban con la camiseta del Che Guevara, él estaba encerrado dentro de cuevas recogiendo guano, excrementos de murciélago que se utilizaban como abono.

Por él intercedió, sin embargo, Osvaldo Dorticós, el presidente de Cuba, elegido a dedo por Fidel Castro, hasta que el Comandante quiso ocupar la jefatura del Estado. Con esta rehabilitación, Espinosa pudo trabajar en países del Este y formó parte del Comité Estatal de Relaciones Económicas con Hungría, Checoslovaquia y Yugoslavia. En el año 1992 resurgió el conflicto y a Oscar se le hizo un juicio político en el que fue acusado de «sujeto contrarrevolucionario». La sentencia fue quedarse sin trabajo. Las cosas no acabaron aquí. Su mujer, Miriam Leiva, alta funcionaria del Ministerio de Relaciones Exteriores, con un currículum impresionante y mucha experiencia (domina seis idiomas y ha trabajado en Europa, África y Asia), fue presionada para que abandonase a su marido. No cedió y acabaron expulsándola del ministerio por pérdida de la «confianza política». Miriam, ya sin ataduras, se convirtió en una verdadera pesadilla para el régimen.

Oscar y Miriam se transformaron en periodistas independientes y así fue como se convirtieron en punto de referencia obligado de esta opinión pública libre que, en Cuba, se forma solamente por vericuetos medio clandestinos. Empezaron a publicar en *Nuevo Herald, Berliner Zeitung, Cubanet, Disidente Universal, Cambio 16...* Oscar tenía un programa permanente en Radio Martí que se llamaba *Hablando con Chepe* y, en Madrid, publicó *Crónica de un desastre*. Todo esto hasta que llegó marzo de 2003. Pero ésa es otra historia que, como la de los presos de Al-Quaida, comienza en Irak para, finalmente, ir a parar a Guantánamo.

El 15 de febrero de 2003 millones de personas de todo el mundo se manifestaron contra la inminente guerra de Irak. Las manifestaciones de Londres, Roma, Barcelona, Nueva York, o de las capitales latinoamericanas y musulmanas, no pudieron conseguir cambiar el signo de la historia. El 16 de marzo, un domingo, Bush, Blair y Aznar se reunieron en las Azores para exigir el desarme inmediato de Bagdad. El 18 de marzo, un martes, el dictador iraquí rechazó el ultimátum. El día 20 de marzo, un jueves, comenzó el bombardeo sobre Bagdad y se inició la ofensiva terrestre desde Kuwait.

La cuenta atrás mantuvo en alerta a toda la opinión pública mundial. Mientras, en la Perla de las Antillas, lejos del foco de la gran historia, se jugaba otra partida. El régimen, acorralado desde hacía muchos meses por las iniciativas de la disidencia, vio claramente que había llegado su hora. Se diría que estaba esperando el momento en que el mundo estuviera distraído, para asestar el golpe definitivo.

En el interior de Cuba, el aparato castrista dio gran difusión a la movilización global contra la guerra y construyó un discurso para sacudir a la opinión pública cubana. Los de Londres, Roma, Madrid o Barcelona, más que manifestantes a favor de la paz, eran manifestantes en contra de los Estados Unidos. Ya no era sólo Cuba la que se posicionaba en contra del presidente Bush. Era el mundo entero que lo hacía. La humanidad entera se había dado cuenta de que se trataba de un país maligno.

El discurso no terminaba aquí. El régimen de La Habana intentó el inverosímil propósito de establecer una especie de paralelismo entre la invasión a Irak y una hipotética invasión de Cuba. En aquel escenario, los disidentes no serían otra cosa que agentes pagados por los Estados

Unidos, con voluntad de preparar el terreno. Y, quien presumiblemente estaría instigando todo aquello, sería el director de la Oficina de Intereses de los Estados Unidos en Cuba, James C. Cason, que había llegado a La Habana seis meses antes. Así, mientras Bush preparaba la guerra de Irak, una nota de prensa oficial cubana advertía: «Frente al propósito declarado y descarado de organizar desde dentro una fuerza mercenaria, no hay la más pequeña duda de que la Revolución aplicará el rigor necesario». El martes 18 de marzo la televisión cubana dedicó dos programas sucesivos a las actividades del «malvado» Cason.

Hasta aquel momento la vida de Oscar y Miriam había transcurrido dentro de la normalidad permitida por el régimen. Entusiastas promotores del Proyecto Varela, también habían apoyado al movimiento Todos Unidos. Al margen de estas cosas, vivían entregados a su trabajo de periodistas independientes. La normalidad cotidiana acabó el 18 de marzo cuando el gobierno hizo pública la detención de «unas cuantas decenas de personas que serían sometidas a los tribunales de justicia por estar vinculadas a las actividades conspiradoras del jefe de la Oficina de Intereses de los Estados Unidos.»

Efectivamente, la tarde del martes 18 de marzo, la policía de la Seguridad del Estado inició una operación de gran alcance, que comenzó con registros en las casas y acabó con detenciones. De un extremo al otro de la isla, irrumpió con un gran despliegue de medios en casa de bibliotecarios independientes, periodistas, defensores de los derechos humanos y activistas de las principales plataformas opositoras. Todas estas acciones respondían, según manifestó excusándose por ello el teniente coronel Pichardo, a «órdenes personales» del Comandante en Jefe.

Aquella noche, Villa Marista, un antiguo colegio de los hermanos maristas de La Habana, convertido en el año 1963 –con asesoramiento del KGB– en Centro de Operaciones del Ministerio del Interior, se llenó de opositores que pasarían allí unas cuantas semanas, a la espera de su juicio.

Las órdenes personales del Comandante llegaron a casa de los Espinosa-Leiva al día siguiente, 19 de marzo. El registro duró once horas, que son muchas, en un apartamento tan pequeño como el de Oscar y Miriam. Afuera, un operativo desproporcionado, adentro, ocho oficiales de la policía política. «No *teníamos nada escondido* –explica Miriam– *todo se podía ver a simple vista, pero lo revolvieron todo, movieron hasta el último libro y se llevaron todo lo que les pareció: libros de economía, política, historia; libros de escritores cubanos y extranjeros prohibidos en Cuba, también escritos de mi marido y míos, y un fax, un ordenador, radios y unos 13.000 dólares, los ahorros de toda nuestra vida.*» Oscar fue detenido y trasladado a Villa Marista. No lo maltrataron. Sí lo sometieron a duros e interminables interrogatorios, tanto de día, como de noche. Terminados los interrogatorios, lo encerraron en un celda de dos por tres metros, con un pequeño orificio por donde entraba el aire y la luz.

El jueves 20 de marzo, mientras Bush ya estaba bombardeando Bagdad, comenzaron las operaciones que acabarían con los disidentes más ilustres en la prisión. Fueron detenidos el poeta Raúl Rivero, el fundador de Todos Unidos Héctor Palacios, y la líder de la Asamblea para Promover la Sociedad Civil, la economista Martha Beatriz Roque. Ante todos estos hechos, opositores como Oswaldo Payá o Vladimiro Roca estaban esperando que apareciese la Seguridad del Estado, cosa que finalmente no ocurrió.

La lista de hasta setenta y cinco se acabó completando el 25 de marzo con la operación de detención de tres opositores de la isla de la Juventud. Mientras tanto, Castro no paraba de hacer declaraciones sobre la guerra de Irak, diciendo que más que una guerra era un genocidio. «*Payá —explica Miriam— siempre hablaba de la Primavera de Cuba, cuando se refería a la proliferación de movimientos democráticos. Después de las detenciones, todos comenzaron a hablar de la Primavera Negra.*»

A las cinco de la madrugada del día 3 de abril, justo dos semanas después de ser detenido, sacaron de su celda a Oscar Espinosa. «*Pensé que me llevarían a otro interrogatorio, pero me llevaron a juicio.*» En efecto, lo llevaron al tribunal de Boyeros y Tulipán de La Habana, donde se enfrentó a una petición de veinte años de cárcel. A su lado, Héctor Palacios y el presidente del Partido Liberal Democrático, Oswaldo Alonso Valdés, se enfrentaban a una petición de cadena perpetua.

A Oscar Espinosa lo acusaban de reunirse con congresistas, estudiantes y profesores norteamericanos, en algunas ocasiones a petición de la Oficina de Intereses de los Estados Unidos. También de escribir artículos económicos con «información falseada y tergiversada de la realidad cubana, en diarios subversivos y contrarrevolucionarios». Fue sentenciado a veinte años de prisión.

Una vez concluido el juicio, Oscar Espinosa fue devuelto a Villa Marista. Y, dos días después, lo trasladaron a la prisión provincial de Guantánamo, a 900 kilómetros de su casa. El viaje de La Habana a Guantánamo se hizo en ómnibus y duró treinta horas. Una vez allí Oscar, durante días, durmió en el suelo. Compartía celda con otros 26 presos comunes. Si en La Habana las condiciones sanitarias de los lugares donde había estado recluso dejaban mucho que desear, en esta prisión de Oriente las cosas eran mucho peor. Cuando Miriam lo visitó, lo encontró amarillo, tenía los tobillos inflamados y las diarreas le habían hecho perder mucho peso. Desde que ingresó en la prisión había perdido once kilos. Pocos días después comenzó a hacer defecaciones con sangre.

La batalla de Miriam fue implacable. «*Primero, procuré que lo llevasen al Hospital Militar de La Habana. Cuando lo conseguí, sin que hubiese una mejoría sustancial de su salud, intenté que le diesen una licencia extrapenal. Se la concedieron finalmente el 29 de noviembre de 2004.*» Oscar salió en libertad, pero había estado 20 meses en prisión. Al cabo de unos días fue liberado también, con la misma fórmula, el poeta y periodista Raúl Rivero.

Estar con licencia extrapenal por motivos de salud significa que Oscar podría regresar a prisión si sus enfermedades se curasen. También que está controlado por los «factores del barrio», es decir: el partido, las juventudes, el Comité de Defensa de la Revolución, la Asociación de Combatientes, la Federación de Mujeres Cubanas... Todos ellos están obligados a informar, periódicamente, de las actitudes de Oscar, de manera que, si una de estas instancias hace un informe negativo, la licencia extrapenal le puede ser revocada.

La casa tiene la modestia de la de todos los opositores que hemos visitado. Resulta difícil decir, tal como se hizo durante el juicio contra Oscar, que los dólares llegados de los Estados Unidos le habían permitido llevar un gran nivel de vida. Nos sentamos en una habitación muy pequeña que da la impresión de servir de comedor, de sala de estar y de biblioteca. Afuera hace mucho calor y Miriam nos ofrece un batido de papaya.

Cuando les explicamos que venimos de Cataluña, Oscar nos evoca el nombre de algunos catalanes que, en el siglo XIX, contribuyeron de manera destacada a la causa de la independencia cubana, como Josep Miró Argenter. De su biblioteca nos saca las voluminosas *Crónicas de la Guerra* de este señor nacido en Sitges. Le agradecemos que haya buscado estas referencias catalanas y que obvie hacer cualquier comentario sobre los negreros de nuestro país que, en Cuba, hicieron fortuna. Tenemos que hablar, de todas formas, de historias más cercanas.

Háblenos de la Revolución...

Yo fui de los que puso grandes esperanzas en la Revolución, convencido de que supondría un futuro mejor para nuestra patria. Participé activamente en el movimiento estudiantil contra la dictadura de Batista: ocupé cargos en asociaciones, participé en huelgas y manifestaciones. Y, ya con la Revolución, me convertí en presidente de la Juventud Socialista de la región de Cienfuegos. Posteriormente ocupé cargos de ámbito nacional en la Asociación de Jóvenes Rebeldes.

¿Cómo se produjo, en su caso, el desencanto?

Tuvo diversas etapas. Cuando comencé a trabajar en el Instituto Nacional de Reforma Agraria percibí serias contradicciones entre la práctica y la teoría que predicábamos. Más tarde, en las oficinas ya del primer ministro y

Comandante en Jefe, me enviaron a Checoslovaquia, la Unión Soviética y Corea del Norte, sitios donde comprobé que existía un alejamiento absoluto de las tesis del marxismo, especialmente en Corea. Todo ello hizo que me planteara muchos interrogantes.

¿Fue, entonces, un desencanto provocado por la pura confrontación con la realidad?

No únicamente. Paralelamente a estos trabajos, yo estudiaba economía en la Universidad de La Habana y, por diferentes vías, tuve acceso a pensadores reformistas de Europa del Este, como Oskar Lange,[31] Ota Sik,[32] W. Brus,[33] Liberman[34], etc. Todas esas lecturas coincidieron con una situación económica muy difícil para Cuba. El gobierno desarrolló una política de extrema centralización

---

[31] Oskar Lange (1919-1965). Economista y político polaco. Aplica conceptos e instrumentos de la economía convencional a la economía marxista, con la voluntad de resolver los problemas de la planificación socialista. Desarrolla un modelo teórico que denomina «socialismo de mercado».

[32] Ota Sik (1919-2004). Economista checo, fue ministro de Alexandre Dubcek y, por tanto, de la Primavera de Praga. Partidario del «socialismo con rostro humano», es el primero en dar a conocer el concepto de «tercera vía». Cuando los tanques rusos acaban con la Primavera se exilia en Suiza.

[33] Wlodzimierz Brus (1921). Economista polaco. Analiza los problemas reales de la economía socialista. Hace propuestas para superar los problemas de la planificación central.

[34] Evsei Liberman (1897-1993). Economista soviético, de origen judío, nacido en Ucrania. Entre los años 1956 y 1959 formula una propuesta de reforma económica, con la que el socialismo incorpora el concepto «beneficio» con voluntad de mejorar la productividad. A inicio de los sesenta sus teorías cuentan con el apoyo de Jruschov. Y en la época de Brejnev, cayeron en el olvido.

económica, que violaba las leyes económicas más elementales. Me mostré en contra, puesto que afectaba a mi trabajo y, en 1967, caí en desgracia.

Pero fue rehabilitado, lo que le permitió trabajar en países del Este en los años en que se estaba gestando la perestroika. ¿Es esta experiencia la que lo decantó definitivamente hacia la disidencia?

Estar en Hungría, en Checoslovaquia, en Yugoslavia –siempre controlado por las fuerzas de la Seguridad del Estado–, me permitió, ciertamente, apreciar los problemas de Europa del Este y acabar comparándolos siempre con los cubanos. Y puedo decirles que, en Cuba, los problemas eran mucho mayores a causa del «caudillismo» cubano. Cuando surgió la perestroika, la apoyé abiertamente. Creí que era un movimiento que podía humanizar el sistema.

¿En esa época ya se le acusó de contrarrevolucionario?

Se me acusó de contrarrevolucionario por constatar que la economía cubana era un desastre y por formular propuestas de flexibilización...

¿Su disidencia era por razones de política económica?

No. En aquel momento yo era muy consciente de que en Cuba no sólo se tenían que hacer reformas económicas, sino también profundos cambios políticos y avanzar hacia una sociedad democrática. Esto no gustó, y en 1992 me separaron de mi trabajo en el Banco Nacional de Cuba.

¿Qué debe hacer una persona que se queda sin trabajo por razones políticas, en un país donde toda la economía está controlada por el estado?

Pues no es nada fácil. Cuando una persona es expulsada de organismos oficiales, como fue nuestro caso, se le cierran todas las puertas. Yo empecé a escribir como economista y como periodista independiente, primero repartiendo escritos entre mis amistades, y luego publiqué en diferentes diarios del exterior.

Simultáneamente, su mujer, Miriam, fue expulsada del ministerio, donde trabajaba desde el año 1971. ¿Cómo sucedió?

Le plantearon «la preocupación» por el hecho de que una alta funcionaria estuviese casada con un «sujeto contrarrevolucionario». Y como no me abandonó, la expulsaron del trabajo y también del partido. En un momento determinado se presentó a unas oposiciones para ocupar una plaza de profesora de inglés en la universidad. Aprobó y le dijeron que ya le avisarían. Hace más de diez años que espera... Aprovechó que el gobierno autorizó la realización de trabajos por cuenta propia y obtuvo una licencia para hacer de profesora de idiomas, de manera que impartió clases de inglés hasta febrero del año 2003. Aparte, obviamente, de trabajar como periodista independiente.

Ambos colaboraron en la experiencia de tirar adelante una Escuela de Periodismo.

En el año 2002 nos incorporamos a la Sociedad de Periodistas Independientes Manuel Vázquez Sterling e intentamos hacer cursos de superación para periodistas independientes: cursos de técnica periodística, redacción, inglés. Miriam impartiría las clases de inglés, pero sólo pudo dar dos, porque se presentó la policía política y nos di-

jo que si persistíamos en el intento, nos pondrían a todos en la prisión. Hasta los alumnos fueron amenazados.

Tampoco tuvo mejor suerte la revista *De Cuba*...

Fue la primera de la oposición realizada dentro del país. Ricardo González –hoy condenado a veinte años– la dirigía, Raúl Rivero era asesor y jefe de redacción, Miriam se ocupaba de la sección de Relaciones Internacionales y yo de la sección Económica. Después de muchas dificultades, esfuerzo y discreción, conseguimos publicar el primer número en diciembre de 2002. Circuló por todo el país. El segundo número se editó en febrero de 2003. Pero, éste, apenas tuvo tiempo de circular porque fue incautado en el registro del 18 de marzo en casa de Ricardo González, que acabó con su detención.

¿Algo podía hacer pensar, en los días previos, que habría una escalada represiva como la que se produjo?

Considero que sí, había elementos que alertaban de la inminencia de una gran represión. Las numerosas reuniones en la Oficina de Intereses de los Estados Unidos, inducidas por agentes de la Seguridad del Estado, infiltrados dentro de la oposición, indicaban esta posibilidad. Además, se llevaba a cabo una gran campaña mediática para preparar las condiciones...

Después de las detenciones, ¿qué perseguían los interrogatorios? ¿Querían que delatasen a otros compañeros disidentes?

Cuando llegué a Villa Marista me encerraron con tres presos comunes acusados de tráfico de drogas. Allí apenas cabíamos y teníamos la luz encendida las 24 horas. Cuan-

do menos te lo esperabas te sacaban para interrogarte, muchas veces justo cuando habías conseguido dormirte. Y te devolvían a la celda minutos u horas después, de manera completamente arbitraria. Los interrogatorios eran realmente duros, practicaban eso que se le suele llamar tortura psicológica. Eso sí, nunca me pegaron. Yo me mantuve en mi derecho a expresarme libremente y defender mis ideas, cosa que, por momentos, exasperaba considerablemente a mis interrogadores. ¿Qué pretendían? El objetivo que perseguían era que me declarase agente de los norteamericanos.

¿Situaciones de este tipo justifican la rendición de alguno de los detenidos? ¿Justifican que alguien se acabe autoinculpando y, de paso, inculpando a sus compañeros?

Para mí, resulta inexcusable la traición a los ideales y la falsa acusación a unos compañeros, sobre todo si la persona que ha cometido esta bajeza ha tenido altas responsabilidades en el movimiento disidente.

Estamos hablando ya del juicio...

El juicio fue un verdadero circo, sin ninguna garantía judicial y con un público que llevó el gobierno. Sólo pudieron asistir tres familiares, ningún amigo, ni la prensa internacional, ni diplomáticos extranjeros.

Hemos leído el artículo «Crónica cruenta» sobre la situación de los presos comunes, que es sin lugar a dudas de lo más espeluznante. Ricardo González describe intentos de suicidio y autoagresiones horrorosas que ha visto o de las que ha tenido constancia. Las más graves son la de los condenados a cadena perpetua, que quieren pedir benevolencia al juez. Así, habla de Maceo, un mulato inválido que, para reclamar que le limpiasen la celda, se infligía cortes en las piernas con un cuchillo rústico y clandestino; de Lourdes, un joven que después de ser apaleado se cortó el dedo pequeño y lo lanzó a los guardias; de Toni que, con una cuchara, se arrancó un ojo e iba a arrancarse el otro; de Héctor, que se inyectó petróleo en las piernas y se quedó inválido; de Ulloa, que se cortó la mano izquierda y le pagó a un preso para que le cortase la derecha; de un chico de treinta años que periódicamente se cortaba el talón de Aquiles; de otro que se hacía una incisión en el vientre y sacaba el intestino por la herida; de un homosexual que se extirpó los testículos y el pene... ¿Usted también ha sido testigo de cosas tan horrorosas?

Las prisiones cubanas son el lugar más parecido al Infierno de Dante. Sí, yo he conocido gente que se ha clavado agujas en los ojos para conseguir una licencia extrapenal, y se han quedado ciegos, pero no obtuvieron la licencia. Sí, son abundantes los casos de suicidio y las peleas que acaban con muertos. Las condiciones en que se tiene que vivir son terribles. Los prisioneros están amontonados, a menudo no hay suficientes camas y tienen que dormir en el suelo. La comida es de muy mala calidad, con un número muy limitado de alimentos. La falta de higiene es total. El parasitismo, generalizado. Hay poca agua potable y, en Guantánamo, hay que dejar decantar el lodo antes de beberla. No es nada raro que muchos presos se autolesionen. Esperan ir a un hospital donde las condiciones son ligeramente mejores.

¿En qué situación legal se encuentra usted en este momento?
Mi licencia extrapenal lo es «hasta que se considere»

que he recuperado la salud. Esta recuperación es imposible, porque todas mis enfermedades son crónicas. La medida deja abierta la puerta, sin embargo, para que en el momento que el gobierno lo estime oportuno, me pueda enviar a prisión.

¿Hasta qué punto esta licencia extrapenal le da libertad?

Estoy muy vigilado. El pasado 28 de febrero fui citado por la presidenta del Tribunal de Playa, que es donde vivo. Ella me advirtió que puedo volver a la prisión en cualquier momento y me precisó mis limitaciones de movimiento: no me puedo ausentar de La Habana y no puedo salir de Cuba.

¿Cómo se resolverá el tema de los presos de conciencia?

Es muy difícil de saber. Tengo claro, de todas formas, que el factor fundamental para la liberación de mis compañeros será el crecimiento de la solidaridad nacional e internacional.

¿Durante las detenciones y el período de cautiverio la respuesta internacional fue la que esperaban? ¿Qué opinión les merece que Europa primero adopte unas sanciones y luego dé marcha atrás?

Las medidas adoptadas por la Unión Europea en junio de 2003 constituyeron un fuerte soporte para los presos y sus familias, pero también para la oposición en general, que estaba sometida al severo asecho del régimen. La suspensión posterior de las sanciones y el cambio de política para iniciar el diálogo crítico constructivo se hizo pensando que, con esa actitud, se obtendrían mejores resultados. Yo siempre agradeceré la solidaridad europea en aquellos terribles meses del año 2003. De la rectificación posterior también aprecio la voluntad y el esfuerzo, aunque en realidad crea que esa estrategia difícilmente consiga los resultados esperados. Estamos delante de un totalitarismo demasiado impetuoso y desconsiderado para apreciar la rectificación.

Ni una política, ni la otra, han conseguido mover mucho a las autoridades cubanas...

El gobierno de Cuba jamás ha actuado según las tradiciones de las relaciones internacionales. Cuando hay sanciones, el régimen actúa con un total menosprecio a las demandas europeas. Todavía más, en estos momentos, hay gente dentro del poder que creen conveniente el cierre de embajadas y la ausencia de periodistas internacionales. Y, por otro lado, el diálogo, pues, tampoco ha dado los frutos necesarios, porque requiere disponibilidad por ambas partes y, la parte cubana, lo que se dice disponibilidad, no tiene ninguna.

En medio la «crisis de los cócteles»...

Que las embajadas invitasen a la oposición y las familias de los presos a las actividades diplomáticas significó un justo reconocimiento a nuestra lucha y un apoyo frente al hostigamiento a que nos sometía el gobierno. Nos permitía explicar a diplomáticos de todas partes lo que estaba sucediendo. El gobierno, primero, quiso minimizar la significación de esas invitaciones, presentando a la oposición y a las mujeres de los presos como borrachos famélicos, mientras los maridos «mercenarios» estaban en prisión. Hablaban así, de «guerra de los cócteles», pero también de los «canapés». Luego, viendo la importancia que para nosotros tenía esa invitación, convirtieron el tema en un problema insalvable para las relaciones con los países en cuestión. Bien, yo siempre agradeceré que, en aquellos meses tan terribles, tuviésemos abierta aquella ventana al mundo.

Después, la presión internacional baja...

La preocupación se ha mantenido. Aunque considero que deberían retomarse las grandes campañas que hubo los dos primeros años. A pesar de todo, estamos muy agradecidos por lo que se ha hecho y estamos seguros que, con un nuevo impulso, se conseguirían aún muchas cosas más.

¿Cómo se deberían concretar, ahora, estas campañas?

Miren, ahora sería muy positivo que las campañas ayudasen directamente a las familias y los presos. Haría falta que se hiciesen donaciones de medicamentos y alimentos de gran valor nutricional. Seguro que iría bien la llegada de ropa, zapatos, material escolar para los niños... Por otro lado, sería muy importante que las embajadas diesen soporte a la sociedad civil cubana en su conjunto, facilitando el uso de internet en las bibliotecas, realizando actividades culturales, difundiendo los avances de sus pueblos, y explicando que hay libertad de reunión, expresión y asociación. Eso sería muy importante para los presos y sus familias, a quienes el gobierno pretende hacerles creer que están olvidados.

La presión internacional también puede determinar que la evolución política se oriente hacia la democracia, hacia la reconciliación...

Sí, por supuesto. La reconciliación es la única opción

nacional que tenemos los cubanos. Es también el elemento indispensable para abordar una transición hacia la democracia. Si España, partiendo de unas condiciones mucho más difíciles, lo consiguió, ¿por qué no lo conseguiremos nosotros?

Hay, en todo caso, otros escenarios posibles...

El escenario más probable es un proceso transitorio dirigido por las Fuerzas Armadas, que desembocaría gradualmente en una democracia y en el terreno económico en una economía de mercado. La alternativa sería una explosión social violenta si al pueblo se le cierran todos los caminos. ¡Evidentemente no querría, de ninguna manera, esta opción!

Nada en el régimen apunta hacia la preparación de este camino.

Ciertamente. Creo, no obstante, que se está produciendo un cambio muy importante en la sociedad cubana, un proceso de transición muy profundo en el alma y la mente de los cubanos. El rechazo incluye sectores importantes del propio régimen.

Para un forastero resulta inverosímil que un pueblo pueda aguantar una situación de penuria económica como la cubana.

En estos momentos existe una dependencia muy fuerte respecto a la subvención de Venezuela, cosa que ha evitado el colapso del sistema político. Si se rompiese ese cordón umbilical, por donde llegan los petrodólares, la situación sería desastrosa y la variante de la explosión social sería la más posible.

El régimen argumenta que los problemas económicos son causados por el embargo económico y por la Ley Helms-Burton. ¿Hasta qué punto es cierto?

Los males de la economía cubana provienen fundamentalmente del bloqueo que las autoridades cubanas han impuesto a su propio pueblo. Considero, de todas maneras, que el embargo norteamericano es improcedente y constituye únicamente la coartada que necesita el gobierno para promover el nacionalismo y aplicar la represión. En este sentido, califico la Ley Helms-Burton como la Ley Helms-Castro. Siempre me he manifestado en contra de esta ley. Pocos días antes de mi detención, en marzo de 2003, en una reunión con congresistas norteamericanos, una reunión pública, en la que participaron otros opositores, defendí la necesidad de levantar el embargo y sugerí que la llegada de turistas a Cuba podía ser un factor positivo para la democratización. A pesar de esto, en el juicio se me acusó de haber dado mi apoyo, en esa reunión, a la Ley Helms-Burton y al embargo. En definitiva, un juicio lleno de calumnias y falsedades.

En un futuro democrático, ¿qué relaciones deberían tener Cuba y los Estados Unidos? ¿La confrontación nacional perdurará? ¿O habrá una mejor relación política y también económica?

Desde el punto de vista político, considero que un acercamiento a los Estados Unidos, tal como sucedió en Europa del Este, sería mucho más provechoso. Es necesario tener en cuenta, además, que en Cuba no existe un sentimiento antinorteamericano fuerte. Desde el punto de vista económico, igual. Los Estados Unidos son el mercado natural de Cuba. Ya lo era en la época colonial. Las rela-

ciones futuras deberán ser fuertes. Siempre, claro está, sobre la base del respeto mutuo.

En un determinado momento hubo inversiones españolas. ¿Fueron positivas?

Hubo una apertura hacia las inversiones extranjeras, fundamentalmente de España, aunque también de otros países, para afrontar la crisis económica causada por la desintegración del bloque soviético. Cuando llegaron las subvenciones venezolanas, dejaron de ser necesarias.

Algunas voces de Miami se muestran muy críticas con estos inversionistas. ¿Ustedes, desde el interior, qué les piden?

Al empresario europeo, y particularmente español, le pedimos que no sea cómplice de la discriminación hacia los cubanos. Le pedimos que contrate directamente al personal del país y que pague lo que es justo, en lugar de hacerlo a través de empresas controladas por el estado, que pagan unos sueldos miserables a los trabajadores.

¿Hasta qué punto cree usted posible que haya reformas económicas, sin reformas políticas?

En Cuba, si se generan cambios económicos, opino que será inevitable el cambio político hacia la democracia. Cuba es un país occidental con vínculos culturales muy estrechos con concepciones liberales. Eso puede verse en los extensos trabajos de los principales ideólogos independentistas del siglo XIX como el Padre Varela o José Martí. Ideas muy avanzadas están presentes en el siglo XX cubano y en la constitución del año 1940. Por tanto, a diferencia de China, con milenios de despotismo, aquí, si los ciudadanos consiguen cierta independencia económica, será muy difícil parar el camino hacia la libertad y la democracia.

Laura Pollán

La portavoz de las damas de blanco

Un ángel. La primera impresión que nos da Laura Pollán, al abrirnos la puerta del número 963 de la calle Neptuno, en el barrio de Centro Habana, es la de habernos encontrado con un ángel. Su edad debe estar en torno a los sesenta, posee una abundante cabellera rubia recogida con una cola y exhibe una de las pieles más blancas del Caribe. Tanto es así, que cualquiera diría que se ha retocado el rostro con polvos de arroz, si hubiese polvos para comprar y si las penurias no le hubiesen extirpado el último reducto de coquetería. Desde que su marido, Héctor Maseda, fue detenido y encarcelado, ahora hace cinco años, acusado de actos contra la Seguridad del Estado, su vida se ha convertido en una pesadilla por entregas.

Nos hace entrar en su casa, más bien grande si la comparamos con los hogares liliputienses de muchos cubanos. Está terminando de arreglarse. Y eso, un domingo a las nueve de la mañana, significa que se acaba de ajustar la blusa y la falda blanca con las que asistirá a la misa de las diez en la iglesia de Santa Rita de Casia, en el barrio de Miramar. No en vano, es miembro fundadora de las Damas de Blanco, un colectivo apolítico formado de manera espontánea como respuesta a la represión que, en marzo de 2003, condujo a la prisión a su marido y cerca de setenta personas más.

Ricky, un gato siamés de color *beige* y maneras refinadas, se refriega contra la pierna de Laura para que lo acaricie. Todos los que estamos allí sabemos que lo conseguirá. Ricky es de las pocas imágenes aristocráticas que se pueden ver en Cuba, si descontamos los complejos turísticos para los extranjeros y las villas particulares de los dirigentes de la cúpula. Después de despedirse del gato, y de dirigir una mirada cómplice a la foto de su esposo, apaga el vetusto televisor que preside la casa sencilla e inacabada. *«La había encendido con la esperanza de ver algún programa entretenido, pero veo que pasan por millonésima vez un documental sobre las gestas de Castro en la Sierra Maestra. Si quieren se lo puedo recitar de memoria»*, nos comenta, pero, nosotros, declinamos el ofrecimiento.

Antes de salir a la calle se cubre el rostro con unas gafas de sol y toma un paraguas blanco –hecho sorprendente teniendo en cuenta que, afuera, luce un sol abrasador–. *«Es que hace poco me operaron de la vista y me han prescrito que me proteja del sol... ¿Me ayudarán a llevar los gladiolos rosa?»* Esta flor es el emblema de las Damas de Blanco. *«En un primer momento, queríamos convertir la flor nacional de Cuba, la mariposa, en nuestra insignia, pero la descartamos porque sólo florece en la época de lluvias. El gladiolo, en cambio, es fuerte, resistente, igual que nuestras familias; y puede cerrarse una flor, pero siempre aparecen otras. El rosado es el que más abunda, el más barato y el más cercano al pueblo.»*

Durante el trayecto entre Centro Habana y el barrio de Miramar, la *dama* angelical nos va dando detalles de cómo surgió el movimiento: «*Pocos días después de la detención de mi marido, vinieron a verme a casa la presidenta y la organizadora de un grupo de madres de prisioneros políticos denominado Leonor Pérez, en homenaje a la madre de José Martí. Me explicaron que ellas asistían semanalmente a la misa de Santa Rita –la abogada de los casos difíciles e imposibles–, y después caminaban un par de cuadras por la Quinta Avenida de Miramar, protestando pacíficamente por la situación de sus presos. Me invitaron a sumarme a ellas. Lo mismo hicieron con otras familias de los detenidos de la Primavera Negra. El domingo 30 de marzo de 2003, cinco mujeres nos agregamos a las caminatas del comité Leonor Pérez. Ellas vestían de blanco con un pequeño detalle negro en verano, y de negro con un detalle blanco en invierno. Pero desde que un periodista del diario electrónico Cubanet se refirió a nosotras como las Damas de Blanco, no utilizamos nunca más el elemento negro. Nos acababa de bautizar.*»

Lamentablemente, la asociación entre las madres del comité Leonor Pérez y los familiares de los detenidos en la Primavera Negra no duró mucho tiempo. «*Cuando los miembros de la Seguridad del Estado detectaron que cada vez éramos más, unas treinta, nos advirtieron que no podíamos seguir acudiendo a aquella iglesia –a pesar de que nosotras ejercíamos un derecho constitucional como es la libertad de culto–. Comenzaron a seguirnos individualmente y en grupos, a vigilar permanentemente nuestras casas, a hacernos visitas amenazadoras, diciendo que nos detendrían o que endurecerían aún más la situación de nuestros familiares presos, o que revocarían las licencias extrapenales... A raíz de aquellas amenazas, las madres Leonor Pérez, se retiraron hacia otras iglesias.*»

La Quinta Avenida es la espina dorsal de Miramar, el barrio residencial y diplomático de La Habana. Es por donde pasan, constantemente, los dirigentes del país y las personalidades que trabajan en las diferentes embajadas. Es por donde pasa Fidel Castro en el recorrido desde su residencia de Miramar para ir al centro o al Consejo de Estado.

Cuando llegamos a la iglesia de Santa Rita, media hora antes de comenzar la misa, encontramos esperando a la incombustible Miriam Leiva, la esposa de Oscar Espinosa Chepe. Y, segundos más tarde, vimos llegar, atravesando el parque, a otra dama, Yamilka Morejón, y su hija María Carla, de pocos meses de edad y concebida en la prisión en una de las esporádicas visitas conyugales que Yamilka mantiene con su esposo José Ubaldo. Como la pequeña no se pierde ninguno de los encuentros, ya se ha ganado el calificativo de «damita». Otra de las «damitas» que se ha ganado todas las simpatías es la hija de Milka María Peña y Luis Enrique Ferrer, María Libertad. Su madre tuvo que librar una fuerte batalla en el registro civil para poderla inscribir con este nombre.

Hoy todas hablan del preocupante estado de salud del preso José Luis García Paneque, esposo de la dama Yamilé Yáñez. Cuando ingresó en prisión, hace tres años, pesaba 86 kilos. Hoy pesa 47. Esta pérdida de peso es causada por el síndrome de la mala absorción, una enfermedad de la que uno sólo puede recuperarse en un ambiente sin estrés y siguiendo una dieta alimenticia estricta. O sea, una disfunción incompatible con el régimen penitenciario. A pesar de todo, las autoridades insisten en no excarcelarlo.

La iglesia de Santa Rita se va llenando. La docena de Damas se van sentando discretamente en dos bancos consecutivos, mientras las hermanas encargadas del culto reparten un rosario de plástico entre los feligreses. Unas cuantas personas se acercan a las Damas y las animan con mensajes de apoyo. Van llegando los diplomáticos con sus esposas e hijos. Todos blancos y todos impecablemente bien vestidos, ya sea con americana o con guayabera. Las puertas laterales de Santa Rita, estarán abiertas de par en par, tanto literalmente como metafóricamente, durante toda la ceremonia. A nosotros, que asistimos por primera vez a esta misa nos sorprende que el sacerdote no haga ni siquiera una referencia a las Damas, o a sus presos, en toda la prédica. Lo hará después, en privado, cuando esté seguro de que ningún oído cercano al régimen lo escucha.

Una vez finalizada la ceremonia, las Damas dirigen una plegaria conjunta a Santa Rita y depositan en el altar algunos de los gladiolos rosa, antes de empezar a caminar por la Quinta Avenida. Estas mujeres que no aparecen en la televisión cubana, son ya una presencia que el régimen no puede ocultar. A lo largo del paseo, algunos coches les propinan toques de claxon y palabras de ánimo con el puño en alto. Claro que también se han escuchado los gritos de «locas» o «prostitutas» que les lanzan unos cuantos efectivos de la Seguridad del Estado, montados sobre unas motos suzuki. «*Lo que más molesta al régimen son estas incipientes muestras de apoyo que recibimos*», confiesa Laura. «*Quisieran que el pueblo cubano nos rechazara y nos aislara*». Más o menos como sucedió en el acto de repudio colectivo a las Damas de Blanco que tuvo lugar el 20 de mayo de 2005. «*Aquel día me ha quedado grabado en la memoria. Nosotras caminábamos, como ahora, por la Quinta Avenida, cuando una avalancha de unas 250-300 personas enfurecidas –las mismas que de aquí a unos años se manifestarán a favor de la democracia– se lanzaron contra nosotras, en medio de insultos, improperios y alguna agresión. Continuamos en silencio hasta el parque y de allí hasta la escalinata de la iglesia. Y empezamos a cantar canciones cristianas y a rezar por la liberación de los setenta y cinco presos políticos y de conciencia. Los descolocamos porque no huimos de la turba como era previsible. Por suerte, los vecinos, cada vez, se resisten más a participar en estas actividades montadas para boicotearnos.»*

Ante la respuesta de las Damas, el régimen se ha visto obligado a cambiar los métodos para intimidarlas. *«Ahora las coacciones son individuales, a través de visitas imprevistas, citaciones de la policía política –que las hacen coincidir con el momento en que tenemos fijadas las llamadas con nuestros familiares–. También nos obligan a dejar nuestro trabajo, nos retienen el carné de identidad con cualquier pretexto para que no nos podamos desplazar, nos impiden subir al transporte que nos lleva hasta las prisiones... O, últimamente, se han propuesto confiscarme la casa, y todavía no sé cómo acabará este asunto.»* Todas estas maniobras tienen como única finalidad desestabilizar psicológicamente a las Damas. Éste es el caso de Laura, una abuela que vive sola y que añora a Héctor, su héroe troyano, como le gusta llamarlo, encarcelado a centenares de kilómetros de distancia, acusado de unos delitos que serían derechos fundamentales en cualquier país libre.

¿Qué recuerda del día en que detuvieron a su esposo?

Nunca olvidaré el 19 de marzo de 2003. Yo volvía de trabajar a las diez de la noche –era profesora de literatu-

*ra–, y cuando giré en la esquina de Aramburu con Neptu-
no, vi numerosos coches y hombres en la acera. Al principio pensé que se trataba de la casa de al lado. Pero no, era
mi casa. No me lo podía creer. Sabíamos que la noche anterior se habían llevado a Osvaldo Alfonso Valdés, el presidente del Partido Liberal, y que era previsible que detu-
vieran a mi marido, que entonces era el vicepresidente.
Pero, todo aquello, no dejó de ser una sorpresa. Era como una película en cámara lenta: Héctor estaba acompa-
ñado por dos miembros del Partido Comunista que iban
confiscando todo lo que creían oportuno, desde sus escritos hasta un par de libros de José Martí, por el simple motivo de que estaban prologados por la escritora cubana
Zoé Valdés. Mi marido me vio tan pálida que me dijo que
no tenía por qué avergonzarme, que él no era un ladrón,
ni un violador, ni un drogadicto, y que lo detenían solamente porque no pensaba como ellos. No era vergüenza,
Héctor, sólo abatimiento, me habría gustado responderle,
pero no pude.*

¿Y así, sin más, se lo llevaron? ¿Le dijeron algo antes de
irse?

*Sí. Antes de marcharse, un tal Gómez, que fue quien di-
rigió la operación, me pidió que al día siguiente fuera a Villa Marista a llevarle un neceser para su higiene personal:
jabón, un cepillo de dientes, un peine, una toalla y ropa interior. Lo habían detenido en otras ocasiones, pero nunca
me habían dicho dónde lo llevaban, y menos aún que le
llevara pasta dentífrica.*

O sea, el pronóstico era grave.

Sí, estaba convencida. Pocos días después, comenzaron

a celebrarse los juicios sumarísimos —reservados para los períodos de guerra—, sin garantías procesales y con falsos testimonios por parte de la acusación. El primero en ser juzgado fue Osvaldo Alfonso Valdés.

Que leyó un texto autoinculpatorio.

Sí, fue una enorme decepción para todos nosotros y sobre todo para mi marido. No nos esperábamos que aceptase la acusación y pidiera clemencia para iniciar una nueva vida con su familia. Nos equivocamos con él. No estaba preparado para ser el presidente del Partido Liberal. Ahora, no lo considero un traidor, sino una víctima de la represión y del sistema carcelario.

Su marido, en cambio, estuvo a la altura de las circunstancias.

Efectivamente. Mostró en todo momento una gran serenidad. Quien no estuvo a la altura de las circunstancias fue su abogado defensor. Es evidente que el licenciado Alarcón tuvo acceso al expediente de la causa el día anterior al juicio, y sólo se entrevistó con mi marido cinco minutos antes de empezar la vista oral. En el juicio estaba tan desorientado que se dirigía a Héctor, como a un «testigo» y cuando se dirigía al presidente del tribunal le decía «acusado». Tampoco supo contrarrestar los argumentos de la fiscal.

¿Pero de qué acusaban exactamente a su marido?

Amparándose en la llamada Ley mordaza, que prevé actos contra la Seguridad del Estado, la fiscal pedía veinte años de prisión para él. Estaba acusado de pertenecer a un partido ilegal en Cuba, y escribir artículos sobre la si-

tuación del país, tergiversándola, según las orientaciones de la Oficina de Intereses Norteamericana, de visitar sedes diplomáticas y de hablar por Radio Martí. Pero sobre todo, la petición se fundó en el hecho de haber sido uno de los autores de una carta dirigida a los inversores extranjeros [35]. *Tuvo que ser mi marido, y no el abogado defensor, quien aclaró a la fiscal que se equivocaba en calificar la carta como delito ya que aplicaba la ley 88, la Ley mordaza, con carácter retroactivo. La carta se había publicado en 1988 y la ley 88 se había aprobado en 1999. Ni siquiera respetan las leyes que ellos mismos dictan. Los tribunales forman parte de la burocracia represiva del régimen y operan sin respetar el derecho a un juicio justo. El licenciado Alarcón no se fijó en este detalle, ni le pidió una disminución de la condena por tratarse de un hombre mayor de sesenta años, ni un cambio a prisión domiciliaria... Se limitó a pedir «equidad», y eso podía significar desde una multa, hasta veinticinco años.*

¿La declaración de su marido tampoco sirvió?

Desgraciadamente, no. Él les explicó toda su historia: que desde los quince años luchaba contra la tiranía, que ya había estado en prisión en la época de Batista, que había militado durante años en el Partido Comunista, pero que, poco a poco, se había ido despertando de aquel sueño de juventud. Que él había dado apoyo a la Revolución de Castro hasta los años 80 –incluso trabajaba en el Centro Nacional de Investigación–, pero que perdió la militancia

[35] Carta en la que Maseda explicaba las violaciones salariales que se cometen con los cubanos que trabajan en las corporaciones instaladas en la isla.

en el partido cuando se negó a asistir a los actos de repudio que se hacían a los familiares de las personas que se fueron por el Mariel. Que a partir de ese momento, le echaron del trabajo porque no se podía confiar en él desde un punto de vista político. Que en 1989 se incorporó a los grupos a favor de los derechos humanos y que en 1994 fundó, con otros miembros, el Partido Liberal.

O sea que aceptó su biografía y se ratificó en todas sus convicciones.

Dijo que continuaría siendo un liberal los años que le quedasen de vida. Lo condenaron a veinte años de prisión. No me lo podía creer. Pensaba que le caerían dos años como máximo.

Y entonces comenzaría el periplo por las prisiones cubanas.

Sí. Primero en la provincia de Cienfuegos, después en Santa Clara y, actualmente, en la prisión de Agüica, en Matanzas. Ahora bien, la peor etapa fue los ocho meses que se pasó en el área de seguridad incrementada a las afueras de Santa Clara.

¿Cuáles eran las condiciones de ese régimen especial?

Estaba encerrado en un cubículo interior, al que casi no llegaba la luz –y, por tanto, no podía leer ni escribir–. Se ve que, dos veces al día, el cubículo se inundaba porque no había ningún muro que separase el área del baño de la del dormitorio. A causa del exceso de humedad, la falta de sol y la poca ventilación, las enfermedades respiratorias estaban siempre presentes. Además, la celda estaba pintada con cal y carburo, hecho que provocaba un desprendimiento permanente de polvo que invadía las fosas nasales.

En esas áreas, los hacían ir sin pantalones. Eso facilitaba que los mosquitos le picasen desde las ocho de la mañana hasta las seis de la tarde. Otro momento dramático era la hora de las comidas, la alimentación se basaba en un picadillo de carne sin categoría, mezclado con tendones, arterias, venas, vísceras y huesos triturados. Todo revuelto y servido con cebo y sangre. El olor putrefacto de semejante plato daba ya ganas de vomitar. El agua no era potable y contenía yodo y parásitos. De día, sólo conectaban la televisión para ver el Noticiero y las intervenciones especiales del «gran líder». Por la noche, los guardianes se dedicaban a hacer inspecciones para alterar el sueño de los reclusos.

¿Eso explica que Cuba sea el único país del hemisferio occidental que niega al Comité Internacional de la Cruz Roja que tenga acceso a las prisiones?

Sí, pero las torturas no se acaban aquí. Entre los presos comunes –no políticos– con los que compartía celda hicieron correr el rumor de que Maseda era un chivato. Para conseguirlo, de tanto en tanto, los agentes de la prisión sacaban a mi marido de la celda y, cuando al cabo de un rato, lo devolvían, trasladaban inmediatamente a otro interno a una celda de castigo, acusado de violar alguno de los reglamentos. Dado el bajo grado intelectual de muchos de los que estaban allí, no es extraño que este comportamiento levantase sospechas.

¿Y cómo reaccionó su marido?

Para protestar por el trato denigrante que recibía, se declaró «plantado». Eso significa que renunció a recibir las visitas familiares, conyugales y los 15 kilos de alimentos que podía llevarle cada vez que podía visitarlo. Estuve meses sin poderlo ver. Pero el momento más crítico, estuvo relacionado con las llamadas. Teníamos las llamadas programadas para los miércoles, pero me las cambiaron al domingo con el objetivo de que no pudiese asistir a la misa de las Damas. Cuando se enteró, Héctor me pidió que por nada del mundo dejara de asistir a Santa Rita.

Éstas deben ser las cuotas de castigo para las familias.

Estoy convencida de ello. Es la manera que tienen de hacernos pagar el no haber renunciado a nuestros maridos, hermanos o hijos, a pesar de saber las actividades que realizaban. Y eso que yo nunca he militado en ningún partido de la oposición, ni del gobierno. En fin, sutilezas que te van minando la moral.

¿Recibe alguna ayuda económica?

El régimen de Castro ha dicho en diversas ocasiones, que somos asalariadas del gobierno norteamericano. No, no recibimos dinero del imperio, como a algunos les interesa hacer creer. Yo personalmente recibo dinero de los Plantados, un grupo de ex presos políticos, y de los masones. Mi marido es masón, igual que once personas más de los 75. Ellos han sido para nosotros una gran ayuda. De otra manera, difícilmente podríamos pagarnos las visitas a las prisiones cada tres meses. Lo que el dinero no puede arreglar es, de todas formas, el agotador traslado a los centros penitenciarios situados a centenares de kilómetros de donde vives. Piensen que los detenidos que vivían en Pinar del Río los han trasladado hasta Guantánamo, los de Guantánamo a Matanzas, y los de Santiago a Santa Clara. Uno de los casos más flagrantes es el de la familia de Fa-

bio Prieto Llorente. Su madre, Ramona Mirta, y su hermana, Clara Lourdes, viven en la isla de la Juventud y de allá, para llegar a la prisión de Kilo Ocho, en Camagüey, necesitan seis días. Y lo pueden ver solamente dos horas.

La red de transporte es ciertamente tercermundista.

Es casi inexistente. Las comunicaciones interprovinciales se suelen hacer en un ómnibus, y los traslados entre ciudad y pueblos mediante coches de caballo o triciclos –los bicitaxis–, aparte de muchas horas caminando. Compadezco mucho a las madres que tienen que hacer este trayecto con niños pequeños en brazos.

¿Cómo logran organizarse en ciudades donde no conocen a nadie?

Suerte hemos tenido de la solidaridad de las personas en los pueblos de toda Cuba, sean laicos o religiosos. A menudo, a pesar de no conocernos de nada, nos han dejado pernoctar en su casa y nos han ayudado en la preparación de los alimentos que llevamos a nuestros presos. De otra forma, la comida habría llegado en mal estado. Recuerdo la primera comida que le llevé a la prisión, una fabada. Cuando abrí el termo, casi explota: incluso había fermentado.

¿Y no han recibido alguna represalia esas personas que les han ayudado?

Muchas sí. Una de las represalias más fuertes fue contra un diácono de Holguín, al que han hecho numerosos actos de repudio y hasta lo han agredido físicamente por habernos dado soporte. En las provincias, las turbas son más frecuentes que en la capital.

Debe ser que, en las provincias, están menos acostumbrados a ver turistas, periodistas y, menos aún, prensa internacional.

Es cierto. Las Damas de Blanco de las diversas provincias viven más aisladas y resulta fácil atemorizarlas. El caso más reciente ha sido un acto de repudio contra Isel Acosta, la esposa del preso de conciencia Blas Giraldo Reyes, que vive en Las Tunas. Estaba sola en casa cuando llegó un ómnibus lleno de trabajadores sociales que empezaron a gritar, golpear las ventanas, sacudir las puertas y hasta subieron al techo. Incluso introdujeron, por una rendija, un cuchillo para darle a entender claramente que podían asesinarla. Se ve que exclamaban: «¿Dónde está ahora tu coraje?» o «Tu marido morirá si no modificas tu conducta». El acto de terror duró desde las 6.30 de la tarde hasta las 10.30 de la noche. El extremo de la tortura psicológica fue que hicieron coincidir el terrorífico acto con la hora en que ella debía coger el tren para ir a ver a su marido. Así, pues, a las nueve de la noche, la hora en que salía el tren, la muchedumbre empezó a imitar el ruido del tren: «¿Isel se va? No, Isel se queda.» Bien, es tan sólo uno de los muchos ejemplos que les puedo referir.

Qué táctica más sibilina, la de condicionar la actividad de las Damas a la situación de sus presos.

Y las cosas no acaban aquí. En la prisión, continúan las intimidaciones. Cuando después de la odisea llegas al centro penitenciario tienes que esperarte horas bajo un intenso sol, antes de que te concedan la visita que tenías programada hace tres meses. Te dicen que el agente de seguridad que atiende el preso no está. En algunas ocasiones te comunican, sin ninguna justificación, que la vi-

sita se ha suspendido. Otras veces exigen un registro corporal, que incluye desnudarte completamente y ponerte en cuclillas. Todas estas arbitrariedades de la policía política y de los guardias de seguridad contribuyen a que, cuando finalmente te traen a tu marido, demacrado y enfermo, haya una terrible tensión. Incluso, aunque nos dejen solos —en el caso de las visitas conyugales—, estoy convencida de que en la habitación hay cámaras y micrófonos grabando.

¿Se graba?

De hecho, hace poco tiempo que una de las Damas, Elsa González, me corroboraba esta sospecha en uno de los «tes literarios» que celebramos el 18 de cada mes en mi casa.

¿Tes literarios?

Es el nombre que le hemos puesto a las reuniones que celebramos las Damas para darnos apoyo mutuo, intercambiar ideas, asesorarnos de las nuevas injusticias, leer las cartas de nuestros presos, etc. Bien, Elsa nos explicó que una autoridad penal de Guantánamo se dedicaba a bromear con su marido, Víctor Rolando Arroyo, con detalles íntimos de su visita conyugal... Y, por descontado, que leen toda la correspondencia, para decidir si la aceptan. Me parece abominable que lean las hermosas cartas y poemas que mi marido me envía. ¿Saben que yo soy su bella Afrodita? [36]

<hr>

[36] «Mi bella Afrodita» es el encabezamiento que Héctor Maseda suele utilizar en las cartas que envía a su esposa Laura. El detalle es conocido porque algunas de esas cartas, ya sea por su contenido político o por explicar la situación de los presos, han sido publicadas.

¿Cómo se siente cuando lee esas cartas?

Como una adolescente. ¡Quién me iba a decir que a mi edad recibiría estas cartas tan emotivas! El carteo es nuestro medio de comunicación preferido.

¿Cuál es el estado de salud actual de su marido?

Aparentemente está bien, pero hace ya algún tiempo que presenta una queratosis actínica y, si no se toman las medidas pertinentes puede acabar en un cáncer de piel. En la prisión, las enfermedades de la piel son frecuentes, como también la hipertensión arterial, los problemas gastrointestinales agudos, la pérdida de audición y visión, la artrosis, las hemorroides... La atención médica es cada vez más deficiente y casi no hay medicamentos.

¿Además de caminar por la Quinta Avenida los domingos, tienen previstas otras actuaciones mientras sus peticiones de libertad incondicional para los presos no sean satisfechas?

Nosotras continuaremos con nuestra protesta pacífica, yendo a misa, haciendo las caminatas y los ayunos, asistiendo a procesiones, recogiendo firmas para la amnistía, hablando con periodistas extranjeros, enviando cartas a dignatarios y personalidades mundiales...

De momento su trabajo ya ha sido recompensado con el Premio para la Libertad de Conciencia Pedro Luis Boitel y el Premio Andrei Sajarov 2005, considerado la distinción más importante después del Nobel.

Aunque nosotras no trabajamos por ninguna recompensa ni renombre, que el Parlamento Europeo nos concediera el Sajarov, nos dio mucha fuerza.

Aunque no lo pudiesen ir a recoger...

El régimen no nos dejó salir de Cuba. Nos lo recogió Blanca Reyes, representante de las Damas de Blanco en el exterior y esposa del periodista independiente y poeta, Raúl Rivero. Reyes no se quedó en la comida posterior, y se limitó a colocar una chaqueta blanca en la silla que debía ser ocupada, para hacer más evidente la ausencia de las homenajeadas. Premios como éste nos demuestran que no estamos solas y, además, son una garantía para la vida de nuestros presos.

¿Cómo cree usted que acabará el problema de los presos?

Mi sensación es que el régimen solamente excarcelará cuando no le quede ninguna otra opción internacional. O cuando haya un cambio de poder de verdad. O cuando Fidel Castro muera. Supongo que primero liberarán a los que tengan problemas de salud, y después a los de mayor edad. Irán buscando alternativas. Sacarlos a todos de golpe sería como reconocer ante el mundo que se han equivocado. Y un régimen prepotente como éste nunca lo hará. Además, debemos recordar que los presos son siempre monedas de cambio para paliar ciertas situaciones.

¿Está hablando del caso de Raúl Rivero?

Por ejemplo. Rivero es un regalo que Castro hizo a José Luis Rodríguez Zapatero por ayudarlo a cambiar las medidas de la Unión Europea. Ahora, a Castro, Zapatero ya no le hace falta porque cuenta con el apoyo de Venezuela y de China. Yo confío en que una estrategia multilateral y eficaz (Estados Unidos, Europa y América

Latina) presione con suficiente contundencia al régimen para que haya una apertura verdadera. Y para que esto suceda es imprescindible que la llama internacional que durante años ha estado viva, no se apague ni se debilite.

Martha Beatriz Roque

La dama de hierro

Que en Cuba no existen las garantías de un estado de derecho es una evidencia. Que los disidentes son vigilados permanentemente es también igualmente sabido. Que hay escuchas telefónicas, todo el mundo lo intuye. Lo que resulta sorprendente del caso es que el estado y los Servicios de Inteligencia ni siquiera disimulen. Resulta llamativo que una grabación telefónica, conseguida ilegalmente, acabe siendo emitida por televisión en horario de máxima audiencia, tal como pasó el 21 de diciembre del año 2005. Aquel día, la televisión cubana hizo públicos unos cuantos fragmentos de una conversación telefónica que la economista Martha Beatriz Roque había mantenido con un interlocutor desconocido.

En medio de la pasión de la conversación, la disidente afirmaba, en un exabrupto, su deseo de que los yankis invadieran la isla y se mostraba convencida de que nadie de Pinar del Río se iría a Miami. «*Ya me encargaré yo de que la administración americana no dé visado a la disidencia de una provincia que no participa en las iniciativas que promuevo*». Lógicamente, después de escuchar este fragmento, los contertulios aprovecharon la ocasión para acusar a los Estados Unidos de utilizar los visados para «*alimentar una disidencia ficticia*».

Martha Beatriz nunca ha podido ir a los estudios de televisión a explicar sus puntos de vista sobre el sistema político cubano. Tampoco la han invitado nunca como experta en economía. En la televisión sólo ha aparecido en el fragmento de una conversación y cuando una cámara oculta –igual que los famosos de las revistas del corazón– registraba el momento en que se compraba una nevera. También el diario *Granma* se hacía eco de la adquisición del frigorífico y publicaba fotos del electrodoméstico bien surtido, reflejo de un «altísimo poder adquisitivo» que sólo se puede obtener, según el argumento oficial, trabajando para los norteamericanos. La «nevera de la discordia» es para Martha Beatriz, «la nevera de la democracia».

¿Qué camino ha llevado a esta mujer de sesenta años, que vive sola en su apartamento, a tener este extraño protagonismo mediático? ¿Contribuye a ello el hecho de ser la directora del Instituto de Economistas Independientes y de ser la impulsora de la Asamblea para Promover la Sociedad Civil? ¿Tiene que ver con su lenguaje directo y claro que, más que convencer, fulmina? ¿Por qué razón se muestra abiertamente a favor de los Estados Unidos, circunstancia que, por momentos, la hace completamente vulnerable a ella y, de pasada, a toda la disidencia?

En Martha Beatriz, presumiblemente, confluyen dos circunstancias, que la hacen ser como es. Primera: es heredera de aquellas mujeres mambisas, fuertes, guerreras que, al final del siglo XIX, fueron clave en la lucha por la independencia. En el mundo de la disidencia, este coraje femenino está muy arraigado. Segunda: la rabia contenida frente a la injusticia del día a día en la sociedad cubana. Es una furia que supera la reflexión, las estrategias y las tácticas, y que parece caer en el simplismo flagrante: «Los enemigos de mis enemigos, son mis amigos». De manera que, si el presidente norteamericano es el principal enemigo de Fidel Castro, Martha Beatriz es amiga del *Bush* de turno.

La «contrarrevolucionaria» se unió a los movimientos opositores a finales de 1990. Cuatro años más tarde fundó el Instituto Cubano de Economistas Independientes, y en 1997, corredactó el documento «La Patria es de Todos», una contrapropuesta al documento programático del V Congreso del Partido Comunista. Entre otras cuestiones ponía en dudas la interpretación de la historia que hace el documento congresual comunista, al atribuir a José Martí la idea de Partido Único o de perpetuar la falacia de que, antes de la Revolución, Cuba era un país subdesarrollado. «*Entre 1902 y 1958, Cuba llegó a ser uno de los países más avanzados de América Latina. Y puede volver a serlo si se dota a la población de un margen para la iniciativa económica.*»

«La Patria es de Todos» ponía de manifiesto la ineficacia del sistema, especialmente después de quedarse sin la ayuda del bloque soviético y consideraba el documento del Partido Comunista como «una propuesta obsoleta para mantener el *statu quo*» y no el plan de choque que el país necesitaba. El documento se envió al Comité Central del Partido Comunista, y se difundió en el exterior de la isla. Diecinueve días después, los cuatro promotores de la iniciativa fueron detenidos por fomentar actos contra la Seguridad del Estado y de sedición. Martha Beatriz fue condenada a tres años y medio de cautiverio.

En cuanto salió de la prisión, la disidente comenzó a crear las bases de la Asamblea para Promover la Sociedad

Civil, una coalición de unas 300 organizaciones, con voluntad de convertirse en una herramienta educativa y democrática que restablezca la sociedad como ente independiente del estado. «*Me parecía inevitable la tarea de fortalecer la sociedad civil emergente y crear conciencia de nuestros derechos y deberes ciudadanos. Una labor de concienciación y estímulo en un entorno cerrado y hostil. Una labor necesaria para contrarrestar la mentira.*»

La Asamblea configura, dentro del mundo de la disidencia, la otra cara de la moneda del Proyecto Varela. Y es que Roque, lejos del pactismo de Payá, no lucha «*para reformar el totalitarismo, sino para erradicarlo*», y por ello «*rechaza los cambios parciales que dilatan su eliminación*». Para ella, la transición no puede ser otra cosa que el desmantelamiento del aparato totalitario con sus órganos de intimidación, control y represión. «*Para mí, la constitución comunista no tiene ninguna legitimidad. El planteamiento del Proyecto Varela falla por la base. Lo confía todo a un plebiscito casi imposible de realizar dentro de las reglas del juego establecidas. Si el referéndum no se hace, el Proyecto se acaba.*»

El destino, o mejor dicho, los designios del Comandante, llevaron a la prisión tanto a la red de promotores del Proyecto Varela, como a la misma Martha Beatriz, la única mujer detenida en la operación Primavera Negra. Unos días antes, la «mujer de hierro» de la disidencia, como algunos la llaman, se había sumado a la huelga de hambre a favor de la excarcelación del doctor Oscar Elías Biset, que cumplía una condena de veinticinco años.

El Dr. Biset, un personaje realmente singular, pasó a formar parte de la «lista negra» del régimen cuando en el año 1997 elaboró un informe denunciando que el aborto practicado por el sistema de salud cubano comportaba que muchos fetos nacieran vivos y que se abandonasen sin ninguna atención, hasta morir. Esta denuncia le supuso un rechazo radical del sistema tanto a él como a su mujer –que era enfermera–. Se quedaron sin trabajo. Lo que le hizo tomar conciencia de que, más allá de la situación que denunciaba, el régimen no tenía ningún respeto por los derechos humanos en general. Con esta convicción, creó la Fundación Lawton de Derechos Humanos. *«En todos los actos de la Fundación siempre hay una bandera cubana en posición invertida, no porque Biset tenga intención de ultrajar el símbolo nacional –dice Martha Beatriz–, sino como denuncia a que no se respetan los derechos más elementales.»*

El principal desafío del doctor al régimen fue a raíz de los llamados hechos de «Tamarindo 34». En esta dirección de La Habana, el Dr. Biset comenzó en el año 1999 una huelga de hambre a favor de la libertad de los presos y en defensa de los derechos humanos. La huelga duró cuarenta días y tuvo seguimiento en cuarenta y cuatro puntos de la geografía cubana. Por todos estos hechos, entró y salió de la prisión en diversas ocasiones.

Si no lo hemos entendido mal, cuando la detuvieron se encontraba en huelga de hambre a favor del doctor.

Sí. Era a principios de marzo de 2003 y acababan de condenar al doctor Biset a una pena de veinticinco años de prisión, nada más por defender los derechos humanos. Me parecía intolerable. El día 11 me adherí a la huelga y el 18 me detuvieron. Me acusaban, como al resto de los oposito-

res, de supuestas «acciones para subvertir y desestabilizar el orden interno del estado cubano, y de poner en peligro la independencia del país. También de estar a nómina del gobierno de los Estados Unidos». Adicionalmente, me incriminaban por promover relaciones con James Cason, el jefe de la Sección de Intereses de los Estados Unidos en La Habana. El juicio sumarísimo dictaminó que era culpable. La condena, veinte años de privación de libertad en la prisión de mujeres Manto Negro de La Habana, en una celda de máxima seguridad que medía solamente uno por tres metros, infectada de ratas y escarabajos, sin ventanas ni luz natural.

Afortunadamente le concedieron una licencia extrapenal al cabo de un año y unos cuantos meses a causa de su delicado estado de salud.

Sí. Pero la licencia extrapenal es una especie de «limbo» jurídico. Nadie sabe cuándo empieza, ni tampoco cuándo acaba. Por lo tanto, en cualquier momento te pueden volver a encerrar.

El poeta disidente Raúl Rivero nos comentó que «el régimen odia profundamente a Martha Beatriz Roque».

Supongo que, para el régimen, soy una persona incómoda desde hace mucho tiempo. Y eso que durante muchos años creí en aquella farsa llamada «Revolución», en la idea de «un paraíso para el proletariado» y en el futuro que nos prometían. Castro es un hombre que se ha pasado la vida vendiendo futuro. Tuve que pasar una serie de transformaciones antes de darme cuenta que mi padre tenía razón cuando decía que Fidel se había comportado como un dictador desde el primer día.

¿Qué tipo de transformaciones?

Un hecho que, sin dudas, me ayudó a abrir los ojos sucedió mientras ejercía de profesora en la universidad. Tuve una discusión en clase porque no estaba de acuerdo con el fusilamiento del general Ochoa. Ésa fue mi última clase.

Su condición de economista seguro también la hizo reflexionar.

Me ayudó. Poco después de haber abandonado la universidad, empecé a vincularme con los economistas independientes –mi especialidad era la estadística matemática–, y este vínculo me permitió publicar algunos trabajos fuera del país sobre la situación de Cuba, que no gustaron al gobierno. La policía política ha tratado de hacerme chantaje de todo tipo, sin resultados visibles. Y la propaganda castrista, siempre muy efectiva, me ha vendido como una anexionista. Nada más lejos de la realidad. Yo quiero a este país y lo quiero ver libre y democrático, no como un satélite de los Estados Unidos.

En los movimientos que luchan por esa libertad hay mujeres muy valientes. Unas sois protagonistas. Otras son apoyo esencial de la lucha de sus maridos. ¿Este fuerte compromiso tiene que ver con la situación de la mujer cubana?

La mujer cubana, en estos momentos, está siendo denigrada por la situación socioeconómica y política del país. El ejemplo más decepcionante es la «jinetera», una especie de prostituta tropical, con un marcado interés por emigrar del país, que utiliza la vía del matrimonio con el primer extranjero que le permita conseguir una visa. En general, la mujer cubana no ha conseguido su lugar en la sociedad, independientemente de que pueda estudiar de forma adoctrinada. La casa es su territorio, pero allí la si-

tuación es difícil, porque la llamada «tarjeta de racionamiento» no permite tener asegurada la cesta básica de alimentos ni siquiera los diez primeros días de cada mes. Y no hace falta decir de dónde sacará los zapatos y la ropa de los niños, cómo afrontará la reparación de cualquier avería que surja en el hogar.

¿Qué mensaje daría a esa mujer cubana?

Le diría que no tenga ocupada la mente todo el tiempo en qué llevar a la mesa para comer, porque eso es lo que el totalitarismo quiere de ella. Éste sería el mensaje general. Ahora, hay casos particulares de una gran valentía.

¿Cuáles nos destacaría?

Del principio de la Revolución, mencionaría a María Márquez [37]. Después vendría María Elena Cruz Varela [38], Ileana Curra Luzón [39], Maritza Lugo [40]... De las que se

[37] María Márquez. Periodista. Exprisionera política. Actualmente, en Miami, preside reuniones de soporte al exilio en la Asamblea para Promover la Sociedad Civil.

[38] María Elena Cruz Varela. Poeta y defensora de los derechos humanos. En el año 1990 impulsó el grupo de intelectuales Criterio Alternativo, lo que le supuso diversas detenciones. Es autora de la novela *Dios en las cárceles de Cuba*. Vive exiliada en Madrid.

[39] Ileana Curra Luzón. Promotora del Movimiento Agenda Nacional. En el año 1994 fue condenada a tres años de prisión por estar en desacuerdo con el proceso revolucionario y difundir «propaganda enemiga».

[40] Maritza Lugo. Presidenta del Partido Democrático 30 de Noviembre Frank País. En el año 1997 ya fue condenada a dos años de prisión. En 1999 fue detenida por promover una procesión religiosa. En el 2000 volvieron a detenerla. Durante su encarcelamiento ha protagonizado diversas huelgas de hambre y ha hecho público el documento «Yo acuso».

mantienen aún en la lucha, estaría Bertha Antúnez[41] o las Damas de Blanco. Las Damas de Blanco son muy especiales para mí. Las admiro profundamente. Son un ejemplo para el mundo, un movimiento que quedará para la historia. Cuando en marzo de 2003 el gobierno cubano cantaba victoria por haber acabado con toda la oposición, ellas supieron aguarles la fiesta y salir en defensa de las libertades de sus seres queridos. Ellas han contribuido al necesario despertar social.

¿Lo mismo que pretende la Asamblea que usted impulsó?

Así es. La Asamblea se formó como un movimiento civilista en diciembre de 2001. Y, sin entrar en detalles de los contenidos de las bases, el objetivo principal es que contribuya a inculcar en la población hábitos democráticos. En la isla conviven casi tres generaciones de personas que no saben lo que es la democracia.

Hay quien considera la Asamblea como un partido político en potencia.

En absoluto. Es una idea de trabajo conjunto para multiplicar las fuerzas de la oposición. Nuestra particular cruzada cívica a favor de la libertad.

Desde el exterior abundan los comentarios que exhortan a Oswaldo Payá y a Martha Beatriz a ponerse de acuer-

---

[41] Bertha Antúnez. Hermana de Jorge Luis García Pérez «Antúnez», quien ha pasado dieciocho años en prisión. Bertha, que ha presenciado cómo apaleaban a su hermano, ha realizado diversas huelgas de hambre, en los momentos que Jorge Luis ha sufrido un mayor hostigamiento.

do y a enviar mensajes más claros de lo que quiere la oposición.

Desde mi punto de vista, es un error pretender que todos los miembros de la oposición tengan la misma línea de pensamiento. Si todos pensáramos igual, nos convertiríamos en el segundo Partido Comunista. La disidencia no tiene un único líder ni puede fabricarlo. Lo que sí es importante es que todos nos respetemos mutuamente, y que empujemos fuerte en una misma dirección. ¿Pero porqué tengo que apoyar un proyecto con el que no estoy en absoluto de acuerdo? De forma general estamos de acuerdo en puntos importantes como la liberación total de los presos políticos, las elecciones libres y pluripartidistas, la finalización de las persecuciones a la oposición interna, que no se acaba... ¿Quieren que les explique el último episodio?

Por supuesto.

El pasado 29 de agosto se presentaron en mi casa dos fumigadores y un capitán de la Policía Nacional Revolucionaria con la intención de «desinfectarme» la casa de roedores e insectos. Yo les expliqué que, a causa de las dos fumigaciones anteriores, padecía parotiditis, una desagradable inflamación de una parte de la cara. Les pedí que no lo hicieran porque, aunque saliese de casa durante la aplicación del gas, a mi regreso acabaría inhalando los gases que habrían penetrado en la tela de las cortinas y en la de los sofás y sillas.

¿Y cuál fue la respuesta?

Al cabo de veinte minutos, ya estaban en la puerta de mi apartamento una mujer que se identificó como la vicepresidenta del Comité de Defensa de La Revolución y un inspector de la campaña que me amenazaron con una multa y una detención de entre tres y cinco días si me negaba. Yo les volví a explicar mi situación y les sugerí que limpiasen la esquina de la calle, donde sí se acumulaban tres metros cúbicos de basura. La mujer me respondió que no tenían recursos para limpiar la esquina por culpa del imperialismo, y me aconsejó que me fuera a vivir una temporada a casa de mi hermana, ya que me fumigarían el apartamento cada siete días. Me negué y el resultado fue una multa de 3.300 pesos cubanos y la posibilidad, nada remota, de que me vuelvan a detener en los próximos días.

¿Y con esta intimidación constante no se ha planteado irse del país?

A pesar de que mi familia padece mucho, nunca he pensado en exiliarme. Quien se tiene que marchar de este país no soy yo, sino los Castro.

Después de que el Comandante cediera el poder, ¿ha aumentado o disminuido la presión sobre ustedes?

El régimen, en estos momentos, está más obsesionado que nunca. No permite ni siquiera una reunión de tres personas y utilizan las Brigadas de Respuesta Rápida —o sea, sus grupos paramilitares— para impedirlo. El «hombre nuevo» de que hablaba el Che ya hace mucho tiempo que se convirtió en una chusma, sin escrúpulos, corrupto y capaz de matar.

O sea que, presumiblemente, la reunión general de la Asamblea para Promover la Sociedad Civil que el régimen autorizó el 20 de mayo de 2005, ahora no la toleraría.

De hecho, hasta el último momento, estuvimos pen-

dientes de si nos dejaban hacerla. Al final, consideraron que permitirla era el mal político menor. Eso sí, suspendieron la visita de personalidades de todo el mundo, que fueron devueltas a sus países y a otras, directamente, se les negó la visa de entrada.

Se había comentado que estarían presentes líderes como Gorbachov, Havel, Walesa.

No les permitieron venir. Piense que todos los preparativos fueron muy complicados. Tuvimos detrás a la Seguridad del Estado, provocándonos y siguiéndonos por todas partes. Tuvimos que comprar 500 sillas en pequeños grupos de diez o quince y transportarlas hasta Río Verde, a la casa de Antonio Bonne Carcassés, donde se hizo la reunión, que no estaba precisamente en el centro de la ciudad. Los quince días que duraron los preparativos fueron días de mucha tensión. Cada vez faltaban más disidentes, porque eran citados por la policía política o detenidos.

Después de todo, Alexis Gainza considera que ocupar aquel espacio en un régimen totalitario fue importante.

Y estoy de acuerdo. Aquel pequeño espacio que obtuvimos fue una gran victoria para la oposición en general y, junto al Proyecto Varela, uno de los impactos más grandes que ha tenido el régimen por parte de la oposición.

¿Empezar el acto con un mensaje de George Bush no le parece una manera de darle alas al discurso del régimen? La televisión cubana retransmitió aquella intervención hasta la saciedad.

A los organizadores también nos sorprendió que James Cason trajese una grabación con el discurso de Bush. No estaba previsto. Y hubo también provocaciones de supuestos disidentes, como el que se hacía pasar por hijo del presidente de los Estados Unidos y gritaba «¡Viva Bush!» en medio de la Asamblea. Todas las organizaciones, también la nuestra, son infiltradas por agentes de la Seguridad del Estado. El régimen es muy eficiente en este sentido. Una prueba de cómo magnifican a los infiltrados es el caso de cinco espías cubanos encarcelados en los Estados Unidos y que ostentan el rango de héroes en el interior de la isla.

Otra vez tenemos que hablar de la propaganda.

Propaganda o guerra sucia, como quiera decirle. El régimen castrista ha tenido, desde el primer momento, el control de todos los medios y toda la propaganda de la isla. Se pueden encontrar pintadas en cualquier sitio del país en contra de la Ley Helms-Burton, que pueden no tener nada que ver con lo que dice la ley. Pero es propaganda y la propaganda lava el cerebro. La gente piensa de verdad que vendrán los cubanos de Miami a robarles las casas que, a pesar de estar todas en ruinas, son las únicas que tienen y no tienen otras.

Ciertamente la disidencia no lo tiene nada fácil.

Ahora, tenemos el problema con el Programa de Refugiados del gobierno norteamericano. Para poder salir del país se necesita la visa que ofrece la Oficina de Intereses de los Estados Unidos y la tarjeta blanca –que es como la «carta de libertad» que otorga el gobierno cubano–. Algunas personas pasan por las organizaciones disidentes con el único objetivo de conseguir el primer documento. Hace poco, la Asamblea descubrió una casa en la que se estaban vendiendo los carnés de esta organización a 100 dólares, con la finalidad de poderlos enseñar como aval político, tanto en el Programa de Refugiados –ante la Oficina de Intereses de los Estados Unidos– como en los barcos americanos que recogen balseros en alta mar. Por tanto, pedimos a los Estados Unidos que reconsiderasen los acuerdos migratorios y los programas de refugiados, si la cosa continuaba por este camino.

El día después que se anunció la enfermedad de Fidel, la Asamblea presentó un documento titulado precisamente, «Para propiciar el día después», que es un plan de acción para la transición.

El documento recoge todas las libertades que nos faltan a los cubanos: el derecho de podernos organizar políticamente, el derecho de podernos sindicar, de crear una empresa, de poder acceder a internet... Es como una carta a los Reyes: habla de la necesidad de que el país no se paralice, que se garantice la educación, la salud y demás servicios sociales, y que se construya una nueva sociedad sobre el patrimonio estatal, pasando por la reforma del sistema monetario y bancario, la necesaria neutralización de las Fuerzas Armadas, del Ministerio del Interior, el imprescindible cambio constitucional, o la conveniente redefinición del concepto de ciudadanía más allá de los límites del archipiélago. Todo esto entre otras muchas cuestiones.

¿Qué soporte cree que tendrá este plan?

Creo que de los once millones de personas que vivimos en Cuba, más del 90% estaría de acuerdo. Además, el documento cuenta también con el apoyo de una parte del exilio. Con esto les quiero decir que la Asamblea es muy consciente del papel que le toca jugar en este período.

¿Y qué corresponde hacer en este momento?

Tener prudencia. El gobierno está muy nervioso. Por ejemplo, con la celebración de la Cumbre de los Países No Alineados en La Habana, buena parte de la población considerada «vagos habituales», fue encerrada preventivamente en la cárcel.

¿Y después? ¿Qué tipo de transición cree que tiene más posibilidades en el postcastrismo?

No pienso que exista ninguna posibilidad de que nos convirtamos en una «China tropical». Y, desde mi punto de vista, una «transición moderada» no es exactamente una transición. Con el final de la tiranía será imprescindible extirpar el odio y evitar la venganza, sin que eso implique olvidar, ni indultar, los crímenes espantosos perpetrados por el régimen. Una vez se recupere la libertad, será necesaria una reconciliación basada en el buen hacer y la justicia. Y, en términos económicos, hará falta eliminar la hipertrofia asfixiante del estado y crear un clima de estabilidad jurídica que estimule la inversión privada, en el marco de una economía de mercado con conciencia social. En cualquier caso, la finalización del castrismo es inminente. ¿Raúl? Está claro que este gobierno es un viejo achacoso y moribundo. No se le puede poner ningún maquillaje, porque eso no lo mejora.

LA EXILIADA INDOMABLE

En el multitudinario entierro de Jorge Mas Canosa en Miami, una mujer de mediana edad saca de la bolsa un frasco con tierra cubana y la esparce encima de la tumba. Todos conocen a Ninoska Pérez, mano derecha del presidente de la Fundación Nacional Cubano Americana. «*Unos días antes de su muerte, Mas Canosa estaba jugando con este frasco que yo siempre tenía sobre mi escritorio y me pidió que, cuando muriese, lo vertiese encima de su féretro. Yo le respondí: ¿Pero de qué hablas? Los dos iremos a morir a Cuba. Pero no pudo ser.*»

Desde que Ninoska salió de la isla en el año 1959, siempre ha querido regresar. Pero cuando una es hija del enemigo, o sea, de un coronel de las Fuerzas Armadas de Fulgencio Batista, regresar a Cuba es una sentencia de prisión o de muerte prácticamente segura. Su padre se marchó hacia los Estados Unidos la misma noche en que el general Batista salió hacia la República Dominicana. «*La noche del 31 de diciembre de 1958, cuando Cuba se convirtió en una cosa caótica, cuando comenzaron los fusilamientos, los juicios sumarios, el saqueo de las casas… yo tenía ocho años. Recuerdo especialmente cuando varios revolucionarios quisieron irrumpir en nuestro hogar y acabaron tiroteándose entre ellos por ver quién robaba el coche de mi madre.*» La familia de Ninoska sólo estuvo seis meses en la Cuba de Fidel, pero fue tiempo suficiente para comprobar que aquella Revolución tenía «*un nulo porcentaje de pureza y un elevado grado de delincuencia*».

El hermano menor de Ninoska fue uno de los que participaron, en el año 1961, en la invasión de la bahía de Cochinos. «*Fue capturado junto con un centenar de hombres más y encerrado en la caja hermética de un camión. El chofer comentó, a quien dirigía la operación, que si cerraba la puerta de la caja se asfixiarían. "Mejor, así nos ahorramos las balas", respondió Osmany Cienfuegos, quien años después sería el ministro de Turismo de Castro. Mi hermano sobrevivió, pero nueve personas murieron en aquel camión.*»

Si uno se pasea unos cuantos días por Miami le sorprende descubrir que cada persona es una historia, y en la mayoría de ocasiones, una historia dramática. Ninoska Pérez nos ha citado en Radio Mambí, situada en la calle Ocho de Little Havana, tres cuadras más arriba del mítico bar restaurante Versailles. El Versailles es para muchos exiliados cubanos del sur de Florida, el lugar de encuentro por excelencia, sitio para las discusiones más variopintas y el rincón para todo tipo de celebraciones. Decidimos desayunar allí, para impregnarnos del ambiente que se respira y para hacer tiempo mientras llega la hora de nuestra cita. Pedimos un sándwich cubano y un zumo de naranja; el café es francamente imbebible.

Aquí todo el mundo especula e incluso hay quién afirma que Fidel acabará reapareciendo como un caguairán [42]. To-

---

[42] Caguairán. Uno de los árboles más fuertes y resistentes de la isla.

do tipo de rumores pueblan las tertulias del Versailles. El escritor Guillermo Cabrera Infante decía ya que *«en una dictadura, primero llega el rumor y después el comunicado oficial»*.

Horas antes de que se hiciese pública la hospitalización del Comandante, en julio de 2006, quien se encontraba en el Versailles ofreciendo una rueda de prensa era el mismo George Bush. En una entrevista a Radio Mambí, había declarado que *«no estarían con los brazos cruzados esperando a que Castro desapareciese, sino que se tenían que buscar vías para acelerar la transición en Cuba»*. Nos queda la duda de si detrás de las declaraciones grandilocuentes del presidente de los Estados Unidos, la administración americana, muy preocupada con Irak y el Líbano, tiene pensado cómo afrontar los centenares de miles de inmigrantes que pueden llegar a Florida dependiendo de cómo vayan las cosas en la isla. Posiblemente no va desencaminado Mario Vargas Llosa cuando afirma que *«no sólo los oligarcas comunistas que rodean a Fidel están poniendo cirios a las vírgenes del cielo marxista por su recuperación. Bush y compañía, también»*.

Quien seguro no pone ningún cirio para la recuperación de Fidel es Ninoska Pérez que, en el punto exacto en que acaba su programa diario sobre Cuba, nos atiende en los mismos estudios. Radio Mambí es una emisora que se escucha en Miami, pero también en buena parte de Cuba. *«La tenemos muy bloqueada en la zona de La Habana, pero tiene mucha audiencia en provincias, de manera que de allá nos llegan también muchas comunicaciones.»* El programa de Ninoska, uno de los más escuchados, es una plataforma para que, tanto periodistas independientes como también disidentes del interior de la isla, puedan explicar la situación dentro del «*campo de concentración tropical*».

Durante mucho tiempo, Ninoska Pérez fue una de las voces más potentes de la Fundación Nacional Cubano Americana. «*Estuve muchos años trabajando mano a mano con Mas Canosa e, incluso, escribí un libro,* Un hombre y su tiempo, *sobre su pensamiento político. Me pareció necesario hacerlo coincidiendo con la campaña de desprestigio que le había orquestado el gobierno cubano.*» Durante unos cuantos meses, la Fundación observó con incredulidad como en los medios, tanto cubanos como extranjeros, iban apareciendo noticias y columnas de opinión contra Mas Canosa. «*La explicación la descubrimos más adelante, cuando unos cuantos desertores del Servicio de Inteligencia cubano nos confesaron que, cuando un periodista llegaba a Cuba y solicitaba una visa, le pedían que escribiese algo contra Mas Canosa, antes de concedérsela.*» Seguramente por eso, Ninoska, en lugar de hablar de periodistas, habla de amanuenses o voceros del régimen.

Unos voceros todavía ciegos por los «logros de la Revolución» que, lógicamente, nunca se harían eco de las historias que se transmiten por Radio Mambí: el cubano que se pasa días sobre un neumático por balsa con una lata de gasolina para ahuyentar a los tiburones que se puedan presentar; la madre que lo ve marchar desde el Malecón con el corazón encogido; los supervivientes del

43 Naufragio del remolcador. El 13 de junio de 1994 el viejo remolcador 13 de Marzo huía de Cuba con 72 personas a bordo. Cuando estaban a siete millas del litoral habanero fueron abordados por cuatro barcos cubanos. La operación de abordaje terminó con el hundimiento del remolcador. Murieron 41 personas, diez de las cuales eran menores.

naufragio del remolcador,[43] los familiares de las personas que iban en las avionetas abatidas en el estrecho de la Florida en aguas internacionales;[44] la experiencia de la prisión de numerosos disidentes políticos o de su exilio forzado. *«Cuba es el único país del mundo donde ha existido un exilio de mujeres.»*

Ninoska encabeza el ala más radical del exilio, lo que le supuso escindirse de la Fundación y fundar el Consejo por la Libertad de Cuba. Es la persona que se ha negado a dar apoyo o a participar en las diferentes iniciativas de los disidentes moderados (Proyecto Varela, Todos Unidos, Consenso Cubano...). Es la persona que defiende a ultranza el embargo y su endurecimiento. Y que está a favor de restringir los viajes de los cubano-americanos a la isla. Es la «exiliada indomable».

No sé si es consciente de que usted encarna la imagen de ese exilio tan vilipendiado por la opinión pública –y publicada– española.

Me lo imagino, pero no me importa. Yo sé perfectamente de qué está compuesto ese exilio: cada persona que llega a las costas de Florida es una víctima. ¡Ese exilio está formado por víctimas! E, independientemente de lo que piense la opinión pública española, les diré que lo que han

44 Avionetas abatidas. El 24 de febrero de 1996, aviones Mig soviéticos, en manos cubanas, abatieron dos avionetas de Hermanos al Rescate, una organización que se dedicaba a localizar y a rescatar balseros en el estrecho de la Florida. Los hechos se produjeron en aguas internacionales y causaron la muerte a los cuatro pilotos de las avionetas.

hecho los inversionistas españoles en Cuba es inmoral. Yo no creo que puedan criticarnos aquellas personas que han construido complejos hoteleros en Cuba, donde a los cubanos no se nos permitía alojarnos. Hoteles donde, durante décadas, no hemos ni podido poner los pies.

A eso en Sudáfrica lo llamaban apartheid...

Eso mismo. Y ¿por qué hacer negocios en Sudáfrica era inaceptable y, en cambio, se tolera en Cuba? ¡Hagamos negocio que así llegará la democracia! ¿Han visto que llegase la democracia? No. En Sudáfrica hubo un Nelson Mandela que se pasó veinticinco años en la prisión. En Cuba, en las últimas décadas, ha habido centenares de pesadillas como las de Mandela, centenares de personas que se han pasado veinticinco años en la prisión... y en unas condiciones mucho más infames. Recuerdo que cuando Mandela salió en libertad, toda la prensa internacional le preguntaba por los presuntos maltratos, y él respondió: «Miren, mi prisión era aquella casa de allí, que tenía aire acondicionado y todas las comodidades, y los tres custodios eran amigos míos.» Algo así, les aseguro, no lo pueden decir los presos políticos cubanos.

Más bien hablan de falta de higiene, de agua contaminada, de nula asistencia sanitaria y de auto mutilaciones desesperadas para llamar la atención.

Sí, hay historias horrorosas. Algún día alguien tendrá que relatar ese infierno. Piensen que en Cuba hay 241 prisiones confirmadas. Cuando alguien dice que hay 300 presos políticos y de conciencia encarcelados, lo primero que hago es preguntarle: ¿Y tú cómo lo sabes? ¿Quién fue el último que inspeccionó las cárceles cubanas? Puede ser que tú conozcas 300 familias que tienen a alguien en una prisión cubana. Pero el número exacto no puede saberlo, porque ni siquiera la Cruz Roja, ni Amnistía Internacional han podido inspeccionar las prisiones.

¿Se añora la presencia de Mas Canosa para denunciar todo esto?

No se lo negaré. Él era la combinación perfecta de patriotismo y pragmatismo. Yo lo admiraba. Y lo admiraban muchos cubanos. Cuando él hacía una conferencia o participaba en un debate, ya sea en el Congreso norteamericano o el cara a cara televisivo con el presidente de la Asamblea Nacional, Ricardo Alarcón,[45] la primera cosa que te decían los cubanos era: «He sentido que hablaba por mí.» En otras palabras, se sentían bien representados por su figura.

El debate Ricardo Alarcón-Mas Canosa fue importante.

Fue un hito. Por primera vez el régimen de Castro aceptó una persona como interlocutor de la oposición.

Unos años más tarde, el liderazgo de la oposición al sistema pasa del exilio al interior de la isla. ¿En qué medida contribuyó Mas Canosa a que eso sucediera?

Su contribución fue decisiva. Entre otras razones porque fue él quien tuvo la idea de crear La Voz de la Fundación, una emisora para lograr que los cubanos del interior pudieran ser escuchados.

---

[45] El debate Mas Canosa-Ricardo Alarcón. Un cara a cara entre la disidencia y el régimen como nunca antes se había producido. Lo emitió la CBS norteamericana en septiembre de 1996.

No debió ser fácil poner en marcha un proyecto así.

Casi era surrealista. Como hacer llamadas directas a Cuba era complicado, teníamos que llamar primero a Canadá, Canadá nos conectaba la llamada, grabábamos las opiniones de los cubanos y las retransmitíamos desde un estudio en Miami. En un primer momento, los cubanos tenían miedo de dar su nombre y apellido por las posibles represalias, pero, poco a poco, se fueron atreviendo. Estamos hablando de finales de los años ochenta y principio de los noventa. Y salíamos a la calle con grabadoras para captar lo que sucedía, más allá de las mentiras oficiales. Estábamos viviendo el inicio del periodismo independiente, muy ligado a la aparición de proyectos disidentes importantes.

Pero, reconociendo de antemano su importancia, usted no da soporte a algunas de esas iniciativas, como el Proyecto Varela o el Todos Unidos.

No, y les explicaré por qué. El Proyecto Varela me parece muy meritorio porque consiguió recoger unas 15.000 firmas. Un hecho sin precedentes en la historia de la Cuba de Fidel. Pero una cosa es lo que firmaba la gente (elecciones libres, libertad para los presos políticos, etcétera) y otra bien distinta el Proyecto en sí, que discriminaba entre el cubano de la isla y el cubano del exterior. Yo, una cosa así, no puedo aceptarla.

¿En qué sentido era discriminatorio? Nosotros leímos todo el Proyecto y no hemos tenido la sensación de que discriminase a nadie.

Porque la redacción inicial ha ido evolucionando. Pero en el Proyecto original, había aspectos como que los cu-

banos de afuera tendrían que esperarse un año para regresar. O que el tema de Cuba tenía que «desamericanizarse», lo cual era sinónimo de confiarlo todo a Europa... Aparte de que considero que las palabras de un opositor jamás deben coincidir con las del régimen. Y, cuando Oswaldo Payá salió de Cuba, las declaraciones que hizo en Washington fueron que se tenían que levantar las restricciones de los viajes de los norteamericanos a Cuba, cosa con la que Cuba se beneficiaría de mucho dinero en concepto de turismo. También afirmó que tenía que acabar el embargo. Estas declaraciones las podría suscribir el mismo gobierno de Cuba.

¿Mas Canosa no habría dado soporte al Proyecto Varela?

Sinceramente dudo que hubiese aceptado un Proyecto que se insertaba dentro de la constitución socialista y dentro de la Asamblea Nacional del Poder Popular. Mientras vivió, luchó por mantener el embargo y por endurecerlo a través de la Ley Helms-Burton. Yo lo que quiero para la Cuba del día de mañana es una democracia, donde Oswaldo Payá pueda tener su proyecto, y yo el mío. Respecto al impulsor de Todos Unidos, Elisardo Sánchez Santacruz, desde el principio dije que era un agente infiltrado del gobierno de Castro. Y la prueba es que apareció en un acto oficial del régimen en el que lo condecoraron con una medalla, aunque él afirme que le pusieron una pluma. No tengo por qué considerarlo un interlocutor válido para la oposición.

¿Y qué opinión le merece la Asamblea para Promover la Sociedad Civil, de Martha Beatriz Roque?

Es un proyecto con el que me puedo identificar mucho

más. Ellos están pidiendo un cambio radical en las estructuras de poder en Cuba. Yo no tengo por qué aceptar que unos generales sean quienes vayan a controlar el país, y que todo se alivie ligeramente con el modelo chino de Raúl. El pueblo cubano hace cuarenta y nueve años que sufre penurias y desgracias. Yo aspiro a que aparezca un Gorbachov que convoque elecciones y los cubanos puedan elegir en qué sistema quieren vivir. A pesar de que admito, porque es evidente, que este proceso necesita su tiempo.

¿Cuáles son los escenarios con mayores posibilidades?

No sé. Sí sé, sin embargo, que los culpables de haber cometido tantos crímenes no pueden pilotar la transición. Cuando oigo hablar de Raúl Castro como de un reformista, me erizo. ¿Cómo puede ser reformista un general que ha estado casi cincuenta años enganchado al régimen? Carlos Lage es uno de los hombres más sumisos que tiene el gobierno. Ricardo Alarcón es el hombre que se entretiene soñando que puede ser el hombre de la transición. Pero, ¿quién ha sido Ricardo Alarcón? Otro de los voceros del régimen. Igual que Felipe Pérez Roque, un perfecto títere. En el régimen, aparte de Fidel, nadie tuvo vida propia. Si uno de éstos, algún día, sale dando un mensaje diferente del habitual, quizás podamos hacer nuevas conjeturas.

¿Y mientras tanto?

Continuar trabajando. En mi caso desde Radio Mambí y desde el Consejo por la Libertad de Cuba, el organismo que hemos creado aquellas personas que nos escindimos de la Fundación Nacional Cubano Americana.

¿Cuál fue el motivo de la escisión?

Principalmente la pérdida de institucionalización de la Fundación. Mientras vivió Mas Canosa, la organización se regía por una junta directiva. Pero su hijo, Jorge Mas Santos, cuando se puso al frente creyó que las cosas se podían hacer de otra manera, y tomó unas cuantas decisiones de manera individual y no colectiva. Por eso algunos de los miembros fundadores nos separamos de ella.

Se ha hecho creer que el detonante de la ruptura fue que Mas Santos apoyó unos premios Grammy latinos, celebrados por primera vez en Miami... con artistas del interior.

El asunto de los Grammy fue una anécdota. Ocurrió de la manera siguiente. Una noche recibí una llamada del The Herald *diciéndome que Jorge Mas había firmado una carta de apoyo a los premios. Yo lo primero que hice fue llamarlo para saber si era cierto. Me dijo que sí. Decisiones como ésta, que implican a la Fundación, las debe tomar la junta directiva y no el presidente de manera unilateral. Yo no quiero dar mi apoyo a unos premios que invitan a artistas que se niegan a firmar los manifiestos a favor de los derechos humanos y por la libertad de Cuba, y que participan en operaciones para aniquilar la disidencia.*

O sea que invitaban a unos cuantos artistas que estaban en su lista negra.

Lo podríamos decir así, sí. Incluso el productor musical y esposo de la cantante Gloria Estefan, Emilio Estefan, que en teoría era quien debía organizar esa edición de los Grammy, se negaba a hacerlo, si se invitaban artistas del régimen. No se trata de censura. Pero en un país libre, yo compro los discos de quién me da la gana.

En Sudáfrica, un festival de música fue también boicoteado por la participación de artistas cómplices del apartheid, ¿verdad?

Cierto. Pero si los cubanos hacemos lo mismo, entonces somos extremistas. Y con el embargo sucede exactamente lo mismo. ¿Por qué soy partidaria de mantenerlo y endurecerlo? ¿No estaban tan bien vistas las sanciones impuestas al régimen chileno o sudafricano? ¿Por qué con Cuba siempre se hace la vista gorda?

Debe ser seguramente porque todavía hay muchísimas personas a las que les cuesta renunciar al «mito de la Revolución».

¿Y los gobiernos? El gobierno español, por ejemplo, es contrario al embargo de los Estados Unidos. Bien. Y dicen: vamos a invertir en Cuba. ¿Y cómo se manifiesta eso? Explotando al pueblo cubano con sueldos miserables y construyendo hoteles, restaurantes y centros médicos adonde los autóctonos no puedan entrar. ¿Qué pasaría si mañana los exiliados cubanos comprasen todos los hoteles de Barcelona y ustedes no se pudiesen hospedar en ellos? Eso sería un escándalo internacional. Pero, en Cuba, no pasa nada. El único país que no ha permitido que sus ciudadanos fuesen a dejar dólares a una dictadura que reprime es ¡los Estados Unidos! Soy del parecer que cuantas más sanciones le impongan a este régimen, menos dinero y menos capacidad tendrá para reprimir y, en un momento u otro, se colapsará.

Supongo que este argumento también es válido en política inmigratoria. Y que por eso se ha mostrado a favor de restringir los viajes de los cubanos del exterior a Cuba.

Sí, evidentemente. Estos viajes suponen remesas y, por tanto, una fuente de ingresos para el régimen de Cuba. Pero si estoy en contra es por dos motivos más: primero porque es una política de inmigración discriminatoria. No todos los cubanos de Florida pueden viajar a Cuba. Lo primero que debes hacer si tienes que viajar a la isla es ir a la embajada cubana en Miami, que son quienes te aprueban o no el visado, y quienes verificarán minuciosamente tu historia política, que no milites en ninguna organización enemiga, etcétera. Por tanto, ¿quién controla la inmigración en Cuba? El gobierno cubano.

Segundo motivo.

¿Quién controla todo el tráfico de lanchas rápidas que se mueven con contrabandistas? ¿De verdad creen que una lancha rápida puede ir de Miami a Cuba, recoger gente, y hacerlo sin que el gobierno cubano se entere? La respuesta es no. Cada puesto en una de estas lanchas vale entre 12.000 y 15.000 dólares. Y una parte de este dinero va a parar al gobierno cubano. Personalmente me parece que no tenemos que buscar un paliativo del tipo: «Qué bien, algunos ya pueden viajar a Cuba», sino buscar una solución que sea el final del régimen.

¿Y qué pasará con las propiedades confiscadas en una Cuba libre? ¿Las reclamarán?

Ésta no ha sido nunca una cuestión prioritaria para el exilio, entre otros motivos porque la mayor parte de las personas a las que confiscaron las casas tienen, aquí en Miami, residencias diez veces mejores. Miren, hace tiempo, apareció una persona que pretendía hacer un registro de las propiedades robadas, para reclamarlas el día que re-

gresemos a Cuba. El libro nunca se publicó porque no apareció nadie que quisiera registrarse. Ni una sola persona. Y les explico algo más: en un congreso en Naples (Florida), la junta directiva completa de la Fundación Nacional Cubano Americana emitió una especie de programa de transición y uno de los puntos que se acordaron por unanimidad fue que el organismo no apoyaría los desalojos de las propiedades en Cuba.

Este detalle no trascendió.

Porque no interesaba que trascendiese. Ese temor ha sido una arma poderosa de la propaganda castrista, pero aquí nadie quiere llegar y sacar a la gente de su casa.

En su momento, sí que se opusieron a que empresarios españoles construyesen en esas propiedades.

Hombre, es que, para mí, la propiedad privada es la base de cualquier sociedad justa y los empresarios españoles, o de cualquier otra nacionalidad, no tienen derecho a construir en propiedades robadas. Pero dicho esto, reitero que es una cuestión menor. Yo creo que debe ser el Parlamento quien, en su momento, establezca algún tipo de compensación para todos los damnificados, igual que sucedió en la Europa del Este.

¿Estamos viviendo el inicio del final?

Tengo la impresión de que sí. Aunque hay muchos interrogantes abiertos, es un momento crucial. Momentos como estos son los que definen a los pueblos, son los momentos en que aparecen los líderes, en que la historia toma un curso diferente... Cuba necesita entrar en el siglo XXI. Lleva cincuenta años de retraso.

En estos días se han escuchado críticas sutiles hacia el pueblo cubano porque no sale en masa por las calles a manifestarse. Hay quien considera que está inmovilizado por el miedo. Otros dicen que cincuenta años de adoctrinamiento acaban con el espíritu crítico de cualquiera. Hay quien, en una lectura más antropológica, lo atribuye al hecho de que la mayor parte de los cubanos son negros y tienen un pasado de esclavitud que no difiere mucho del actual. En estas circunstancias, ¿se le puede pedir alguna cosa al pueblo cubano?

Yo no puedo pedir a nadie que salga a la calle en Cuba, porque no sé si le pasarán los tanques por encima. Eso, si los tanques conservan, aún, sus piezas, claro está. En estos días, algunos recuerdan el famoso 7 de agosto de 1934, cuando nadie le pidió a nadie que se manifestase en la calle contra la dictadura de Machado, pero a pesar de todo lo hicieron y fueron tiroteados por efectivos de la policía.

Y, mucho más recientemente, en 1994, también hubo manifestaciones espontáneas y violentas en el Malecón.

Así es. Un general que desertó hace unos años, me explicaba que el día del Maleconazo los llamaron a todos a un patio y comenzaron a repartirles armas. No sé si reaccionarían igual delante de una masa reclamando «democracia»... Yo, las únicas informaciones que tengo es que están activando las Brigadas de Respuesta Rápida y buscando reservistas. Y eso significa que se sienten inseguros... ¿Cuántos años duró el franquismo en vuestro país?

Casi cuarenta.

¿Y eso fue un fracaso del pueblo? Yo creo que ninguna dictadura puede ser un fracaso del pueblo. La oposición

va trabajando para cuando eso cambie. Y no es cierto que los cubanos no hayan hecho nada: han dejado sus vidas en las prisiones, han sido fusilados... ¡Y a pesar de todo han resistido! No importa si Fidel muere con las botas puestas o hecho un vegetal. Los disidentes no nos hemos rendido.

¿Cuándo habrá cumplido su objetivo Ninoska Pérez?

Ninoska Pérez habrá cumplido cuando los restos de Jorge Mas Canosa puedan ser enterrados en Santiago y Cuba sea libre.

Carlos A. Saladrigas

El líder emergente del exilio moderado

Carlos A. Saladrigas fue uno de los 14.000 niños cubanos, que en el año 1960, fueron apadrinados por la entonces denominada «Operación Peter Pan», una operación para poder salir de la isla y ser acogidos en los Estados Unidos. Se trataba de un programa impulsado por el sacerdote americano de origen irlandés Monseñor Bryan O. Walsh y por Polita Grau Alzina, sobrina de quien había sido presidente cubano Ramón Grau San Martín.

En aquellos primeros años de la Revolución, comenzó a correr la bola –el rumor– de que Fidel Castro estaba a punto de promulgar una ley que quitaría la Patria Potestad a los padres. *«Al final, el gobierno no redactó ninguna ley explícita sobre este tema, pero muchos padres tenían miedo. Veían que el sistema educativo semicarcelario del castrismo –que obligaba a los niños, desde pequeños, a estudiar lejos de sus padres y a hacer los trabajos que la Revolución le asignase– podía ser, perfectamente, la primera fase de un tutelaje absoluto del estado.»*

Con este convencimiento, la madre de Carlos hizo todo lo posible para que le otorgasen a su hijo único, de entonces doce años, una *visa waiwer* (carta firmada por Monseñor Walsh) para poder salir de Cuba. Su padre, en cambio, no le dio tanta importancia al asunto. Él estaba convencido de que la Revolución no podía durar, porque el gobierno norteamericano no permitiría tener un país comunista a noventa millas de su territorio.

Visto con la distancia del tiempo transcurrido, además de comprobar el error de pronóstico del padre de Carlos, y de tantos otros que pensaban como él, hay quien especula también sobre la posibilidad de que el programa Peter Pan lo idease, subterráneamente, el mismo Fidel Castro para sacarse de encima a las clases media y alta de Cuba, las únicas con capacidad real para poner en peligro su proyecto. Si conseguía que los hijos saliesen de Cuba, se aseguraba de que, tarde o temprano, los padres se fueran detrás de ellos.

Eso es exactamente lo que consiguieron con la familia Saladrigas. Un año después de que Carlos pisase tierra americana, y transcurrido un año y algo más del episodio de la bahía de Cochinos, la familia se reunía en Miami. Cuando había salido, el jovencísimo Carlos todavía jugaba con soldaditos de plomo. Poco tiempo más tarde ya trabaja en mil y una labores: repartiendo diarios, cortando el césped... para poder tirar adelante. En aquella época, trabajando de día y estudiando de noche, el «sueño americano» aún era posible. Pero, posible, jamás ha sido sinónimo de fácil.

Almorzando con él, y su esposa Olga María León, Olguita, en el exclusivo Riviera Country Club de Coral Gables, uno llega a la conclusión de que a Saladrigas le pueden haber robado la adolescencia, pero no ha permitido que le robasen las oportunidades. Coral Gables es una de las zonas residenciales de Miami articulada en los alrededores del impresionante hotel Baltimore –en cuya piscina se entrenaba Johnny Weissmüller, actor de *Tarzán*, y donde Al Capone abrió una taberna durante la Ley Seca–. En un lugar así, sólo se pueden ver personas acomodadas. También el currículum de Saladrigas ratifica con creces nuestra percepción. Presidente del Premier American Bank –una entidad bancaria que proporciona servicios financieros a pequeñas y medianas empresas del sur de Florida– es un brillante, influyente y respetado hombre de negocios. Y es esa condición la que le ha permitido convertirse en cofundador del Cuba Study Group y erigirse, además, como líder emergente del exilio moderado. *«La misión básica de los exiliados es ayudar a los opositores del interior, que son los que realmente saben qué necesita Cuba. Nosotros no lo sabemos porque no vivimos allí.»*

Y es que desde que el pequeño Saladrigas se marchó de Cuba, a principios de los sesenta, hasta hoy, sólo ha regresado en una ocasión, en el año 1984. *«Olguita tenía un tío muy enfermo en Holguín y queríamos visitarlo. Con sólo aterrizar, ya me di cuenta de que el país se había convertido en un estado estalinista con todos los honores. Tenía el recuerdo de un pueblo alegre y exuberante, y me encontré un pueblo resignado y vigilado, donde todavía el «fidelismo» tenía simpatizantes. Yo recordaba unos comercios en los que no faltaba nada y encontré unos establecimientos abiertos, pero prácticamente vacíos. Una zapatería podía tener sólo un par de zapatos y una papelería tres bolígrafos que ni siquiera escribían. Lo único que no escaseaba eran las fotos de Marx y Lenin. Allí donde no llegaba la materia prima, llegaba la ideología. Debe ser verdad que la ideología es el alimento del pueblo oprimido.»*

«*Le pedí al taxista que me llevase hasta donde estaba la casa en que viví toda mi infancia, en La Habana. No recordaba el número. Pero lo guié intuitivamente y sin error. El taxista, a quien acababa de explicar que hacía veintitrés años que no estaba en Cuba, me miraba fascinado por mi excelente memoria. "No tiene mucho mérito", le respondí. "No ha cambiado nada. Están exactamente las mismas calles y los mismos edificios. La única diferencia es que ahora están semiderruidos".*» La casa donde Saladrigas jugaba con los soldaditos de plomo, en 1984, albergaba un Conservatorio de Música. En lugar de jardín, todo estaba rodeado de zarzas. Parecía que el tiempo se hubiese detenido definitivamente.

«*El exilo de Miami puede ayudar a romper el maleficio de la dictadura castrista, pero no será decisivo a la hora de encontrar soluciones. ¿Por qué? Porque Castro ha conseguido manipularnos siempre de la manera que le ha convenido y la imagen exterior que tenemos no es buena. En una película de indios y vaqueros, Castro sería el bueno y todos los que nos vimos obligados a exiliarnos seríamos los malos. ¡Qué paradoja!*» Aquello que más irrita a Saladrigas es que este esquema se repita en episodios relativamente recientes como el de Elián González, *Eliancito*.[46]

---

[46] Elián González salió de Cuba con su madre en una balsa. Era noviembre de 1999. La embarcación era tan precaria que, durante días, fue a la deriva. La madre de Elián, junto con otras diez personas, murió. Cuando la embarcación fue rescatada y llevada a Florida, la familia de la madre recibió la custodia del niño. Al poco tiempo, el padre, desde de Cuba, con el apoyo más entusiasta del régimen, reclamó a su hijo. Después de una sostenida controversia, los tribunales norteamericanos entregaron Elián a su padre, que lo hizo regresar a Cuba, donde Fidel Castro lo ha convertido en un símbolo.

Elián fue unos de los tantos niños que llegan moribundos en una *balsa* agarrados a su madre muerta. Si el caso, en lugar de pasar desapercibido, devino un símbolo, tiene que ver, para Saladrigas, con el hecho de que la Fundación Nacional Cubano Americana tomó como emblema una fotografía de Elián agonizante para mostrar al mundo en qué consistía la mítica Revolución castrista. «*Yo especulo que Castro, al ver eso, llamó al padre del niño, que se había quedado en la isla, y le pidió que lo reclamase. Y aquí comenzó el toma y daca entre Cuba y Miami. La Fundación, me parece a mí, no entendió que si un padre reclama a su hijo, la batalla está perdida y se debe buscar una salida elegante al conflicto. Pero Jorge Mas Santos estaba convencido de que los Estados Unidos acabarían resolviendo la confrontación y dando la ciudadanía americana al niño.*» Miami perdió y el niño se ha convertido en un show mediático dentro de Cuba. «*Incluso es invitado especial en los aniversarios de Castro, pero sus ojos son tristes.*»

El caso de Elián sirvió para hacer reflexionar a Saladrigas, y a unos cuantos empresarios cubano-americanos más, sobre la necesidad de crear el Cuba Study Group, una plataforma que analizase al régimen de manera estratégica para poder contrarrestarlo. Partieron de la premisa de que Castro no se ha mantenido casi cincuenta años en el poder por un «accidente histórico».

¿Y cuáles han sido las conclusiones de esa reflexión puesta en marcha por el Cuba Study Group?

Que una de las claves de Castro ha sido presentar al exilio como unos bárbaros del portón que, si consiguen penetrar la muralla, arrasan. La grandeza de Fidel fue su brutal inteligencia estratégica. Cuando nosotros veíamos la próxima jugada, en un hipotético tablero de ajedrez, él ya estudiaba las cinco siguientes. Y el exilio nunca ha sabido responder de una manera estratégica, siempre lo ha hecho de manera reaccionaria. Nunca hemos conseguido tomar la iniciativa.

¿Se puede hablar del exilio como de un bloque monolítico?

Lo que les decía antes es válido para todo el exilio, pero ciertamente es necesario distinguir entre diferentes grupos. Yo hablaría concretamente de tres: el primero lo formarían aquellos exiliados que llegaron en los años sesenta, los históricos, los más duros. Éstos ya no tienen vínculos con Cuba –toda la familia se marchó– y su única motivación es política. Odian a Castro porque los obligó a irse y sueñan con recuperar la patria perdida. Para ellos, el verbo negociar *es sinónimo de* capitular. *Es un grupo motivado por la política de la pasión. Afortunadamente, cada vez son menos. El segundo grupo, que es el más numeroso, pues abarca el 60% del exilio aproximadamente, lo componen aquellos que llegaron con el Mariel o postMariel. Estos no conocieron la Cuba de antes de Castro. Han llegado aquí dejando atrás fuertes lazos afectivos (un hermano, un padre, un hijo, amigos…) y es el grupo que envía remesas a la isla. Es el grupo motivado por la política del afecto. Y el tercer grupo, el más reducido, lo formamos algunos de los que salimos en los años sesenta y algunos de los que ya han nacido aquí. Somos los que tenemos un corazón cubano, pero un cerebro anglosajón. El grupo motivado por la política de la razón.*

Usted se incluye en este tercer grupo.

Efectivamente. Ahora bien, yo también he experimentado mi propia transición. En un primer momento formé parte del primer grupo, el más duro. Les pondré un ejemplo. Poco antes de que el Papa visitase Cuba, en el arzobispado de Miami se hablaba de organizar un crucero que llevase personas del exilio a Cuba para asistir a la misa del pontífice. Yo lideré un grupo para hundir el proyecto. Y lo conseguimos. Ahora lo lamento.

Quien también ha experimentado una transición, del primer grupo al tercero, es la Fundación Nacional Cubano Americana. ¿A quién se debe atribuir este giro hacia la moderación? ¿Al hijo de Mas Canosa, Jorge Mas Santos?

El giro es atribuible a Mas Santos, aunque estoy convencido de que, si hubiese vivido, su padre también habría realizado el viraje. Mas Canosa era una persona de un enorme pragmatismo y, de hecho, dialogó con el régimen. Otro factor que ha contribuido a la moderación ha sido la escisión del ala más radical de la Fundación, encabezada por Ninoska Pérez, que ha creado el Consejo para la Libertad de Cuba.

¿Eso quiere decir que la influencia en Washington, que históricamente había aglutinado Mas Canosa, se ha dispersado?

La verdad es que, con esta administración, la influencia ha disminuido bastante y, como dicen ustedes, se ha dispersado. Hay diferentes grupos con influencia, pero sin un catalizador común. En la derecha, encontramos el grupo de Ninoska. En el centro, está la Fundación y nosotros, el Cuba Study Group. Y, en la izquierda, está el Cuban Community for Democracy dirigido por Alfredo Durán. Estos

*son los grupos más grandes con impacto en Washington.
Por debajo, hay muchos grupos pequeños, como el de Ramón Colás, el impulsor de las bibliotecas independientes.*

Y, prácticamente todos, aparte del grupo de Ninoska, forman Consenso Cubano, que de momento no pasa de ser
una declaración de buenas intenciones…

*Consenso Cubano todavía no posee, ciertamente, una
agenda de actuaciones. Pero tiene el mérito de que por primera vez en el exilio hay unidad. Además de que también
incluye una nutrida representación de los grupos del interior. Hay representantes en Miami de los partidos de Oswaldo Payá, de Vladimiro Roca, de Manuel Cuesta Morúa, etcétera. Podríamos decir, pues, que establece unas
bases para la transición.*

¿Cómo ha visto el traspaso de poderes de Fidel a Raúl?

*Ya hace meses, antes de que se informase de la opera-
ción de Fidel, que los medios de comunicación cubanos
hablaban de Raúl Castro, como no lo habían hecho nunca antes. Creo que el régimen tenía planificada una transición y quería hacer una transferencia de poderes a Raúl
y a otras personas. Lo óptimo para ellos era hacerlo con
Fidel en vida. La crisis intestinal lo único que hizo fue pre-
cipitar la transferencia de poderes prevista* by the book.

¿Con Raúl las posibilidades de la oposición son mayores?

*Este nuevo escenario nos abre una ventana de posibili-
dades que se tiene que saber explotar. Es posible imaginar
que, sin Fidel, pasaremos de un liderazgo muy personali-
zado, a uno más colectivo. En esta situación, presumiblemente, surgirán diferencias de opiniones. Se habló, por*

ejemplo, de que Raúl mantenía una fuerte pugna con el general Regueira...

¿Nos está diciendo que Raúl no tiene suficientemente consolidado el poder?

Es posible. Pero no lo sé. En cualquier caso, en momentos como éste, siempre aparecen los continuistas y los reformistas.

La historia de Europa del Este es un ejemplo reciente de ello.

Exacto. Y lo único que puede hacer el exilio es enviar unos cuantos mensajes importantes. Si aprovechas estas coyunturas para presentar confrontación –o sea, si lo único que aceptas es la derrota del otro, un juego de suma cero–, entonces consigues que, en lugar de fraccionar el liderazgo colectivo, lo cohesionas. Si las amenazas del exterior son fuertes, el régimen se cierra y los reformistas pierden todas sus posibilidades. Lo inteligente es presentar a los potenciales líderes reformistas cubanos opciones de cambio beneficiosas. Hablando en términos económicos: el cambio se produce cuando la recompensa del cambio, más la urgencia del cambio, superan el coste del cambio.

¿Qué piensa cuando escucha a alguien que dice: «No queremos a nadie de la cúpula en la futura transición»?

Pienso: «¿Y así, cómo quieres conseguir el cambio en Cuba?» Éste no es el momento de decir que ajusticiaremos a todos aquellos que estuvieron vinculados al régimen. La historia ya se ocupará de todos estos procesos. En estas situaciones, no se tiene que buscar la justicia, sino la menor injusticia posible. El reto actual del exilio es no demorar el cambio.

¿Quién puede ser el reformista de la actual cúpula? ¿Apostaría por alguien?

Los cubanos del exilio somos, de hecho, los que conocemos menos Cuba. Es posible que lo conozcan mejor ustedes, que han estado allí en varias ocasiones, que no nosotros. Ahora, creo que Carlos Lage es un individuo que, a pesar de haber sido muy leal a Fidel, entiende que las reformas son necesarias.

¿Y Felipe Pérez Roque?

¡Quien sabe! Si alguna cosa podemos decir es que ninguno de los escenarios que se produjeron en Europa del Este había sido previsto. ¿Quién nos iba a decir que el general Jaruzelski sería clave en la transición de Polonia? ¿Y el español Adolfo Suárez en la transición española? ¡Suárez no existía! Y otra cosa está clara: nadie lo ha hecho solo. Todos los opositores han necesitado una palanca dentro del régimen. Walesa necesitó a Jaruzelski. Yeltsin a Gorbachov. Incluso Havel, que salió de las filas de la oposición encarcelada, necesitó un puntal en el régimen. Miren, el otro día un monseñor cubano me explicaba que todos los miembros de la cúpula cubana son conscientes del fracaso del castrismo y entienden la necesidad del cambio. Ninguno de ellos, no obstante, sabe cuál es el primer paso, y menos aún el segundo y el tercero. «¿Qué hago yo?», se preguntan. «¿Y qué consecuencias puede tener para mí este primer paso?»

Hay quien piensa que se estuvo cerca de este primer paso en julio de 1993 cuando se le pidió a Carlos Solchaga que hiciese un plan de transición.

Tú hablas con Solchaga y te explica que estaba todo

preparado para ejecutar una transición económica, no política. Y, de golpe, Fidel la detuvo. Hay quien dice que, en el último momento, no quiso correr el riesgo. Otros apuntan que temía a la reacción de los cubanos del exilio o de los Estados Unidos. Pero después de un año de reuniones Solchaga-Lage, la transición económica estaba «armada», como decimos los cubanos. Pero de las reuniones trasciende un detalle muy significativo. En un determinado momento, Solchaga comenta a Lage: «Si la reforma económica tira adelante, lo más probable es que los Estados Unidos levanten el embargo.» Y Lage responde: «Pues eso sí que sería un problema.» El ministro sabía perfectamente que el embargo, y el discurso contra el embargo, eran la base de la supervivencia de Castro.

¿Usted es de los que piensa que el embargo ha sido la coartada perfecta del régimen?

No es que lo piense, es que el mismo régimen lo dice. Y es evidente que han sacado todo el provecho que han podido. Yo siempre había pensado que era la estrategia correcta. Pero, ahora, si tuviese que volver a tomar la decisión, argumentaría en contra. Sea como sea, ni el embargo, ni su levantamiento, llevarán el cambio a Cuba.

¿El plan económico Solchaga-Lage estaría vigente hoy?

Completamente. El problema es que el régimen sabe que las aperturas económicas siempre acaban comportando aperturas políticas y sociales. Una vez comiencen los cambios, será como una bola de nieve: ¡imparable!

Cuando entrevistamos a Oswaldo Payá, uno de los disidentes más notorios del interior, se mostró convencido de que la «nomenclatura» está moviendo piezas para continuar controlando el partido y para convertirse en los nuevos capitalistas.

Es lo más probable. Lo que quieren los actuales dirigentes es el cambio económico. Irse convirtiendo en capitalistas y mantener el poder político durante el máximo tiempo posible, sabiendo, eso sí, que acabarán perdiéndolo. Las transiciones son micro procesos y lo único que puede presentar el exilio son piezas del rompecabezas. Me lo decía el escritor Dagoberto Valdés, creo yo, con muchísimo acierto: «En algún momento, habrá un grupo de personas en Cuba que armará la transición y, si ven opciones sobre la mesa, las irán tomando.»

El Proyecto Varela también se fundamentaba en el reconocimiento de la otra parte, los comunistas.

Correcto. Eso era el Proyecto Varela y también es un planteamiento que comprende la mayoría del exilio. Las personas razonables entienden el carácter modular de esta transición que tenemos a las puertas. Las actitudes maximalistas sólo conseguirán frenar el cambio. Es el momento de que el exilio dé la mano y espere que algún reformista se la coja. Los duros no se la cogerán, pueden estar seguros de ello. Otro de los errores del exilio, o sea, otro de nuestros errores, ha sido pensar que tarde o temprano el régimen se quedaría sin opciones y que, por tanto, no tendría otro remedio que aceptar la derrota. El régimen tiene opciones: Hugo Chávez –a quien Fidel Castro ha hecho de psicólogo– ha sido una opción. China es otra.

¿Es seria la idea que ha aparecido en algunos medios de convertir a Cuba en una «China tropical»?

Sí y no. Es cierto que los chinos tienen un gran interés estratégico en la zona del Caribe y, sobre todo, en Cuba. Los chinos necesitan la proyección diplomática y política tan fuerte que tiene Cuba en el Caribe. Aquí es necesario tener en cuenta que de las treinta naciones que dan soporte a Taiwán, más de la mitad están en el Caribe.

Ciertamente, los chinos están obsesionados con Taiwán.

Absolutamente. Y por otro lado, los chinos ven a Cuba como una base de salto. Ahora, no quieren «un hijo» que tengan que alimentar. Si los chinos aceptan un plan para Cuba, tiene que ser un plan en el que la economía cubana se levante por su propio pie. Si no lo han hecho hasta ahora es porque los chinos desconfiaban de Fidel, pero no de Raúl. De hecho, corre el rumor de que China ya ha elaborado un plan de ayuda masiva para el desarrollo económico, pero que lo presentará cuando Raúl esté más consolidado en el poder.

¿Y los chinos podrán poner orden en una Cuba tan indisciplinada?

Bien, eso es precisamente lo que está por ver.

La secretaria de estado Condoleezza Rice también presentó un plan para la transición de Cuba. ¿Qué opinión le merece?

Las palabras de Condoleezza me parecieron muy acertadas. A mí lo que más me preocupa es que, en una transición como la que se aproxima en Cuba, el presidente Bush –prisionero del embargo con la Ley Helms-Burton– no tenga margen de maniobra para hacer nada. Yo creo que un presidente de los Estados Unidos debería poder responder a los acontecimientos de Cuba de una manera calibrada.

¿Y el estado español, qué debería hacer?

Desde mi punto de vista, España debería aprovechar esta coyuntura para poder liderar el proceso de transición en Cuba.

¿Tiene algún plan el Cuba Study Group?

Nosotros estamos a punto de lanzar una iniciativa que plantea reformas microeconómicas en Cuba. Pensamos que éstas deben ser el principio del cambio. Hemos estado analizando las importantes reformas macroeconómicas que se han ido gestando en diversos países de América Latina y nos hemos percatado de que mucha gente ha quedado al margen, porque no se han aplicado paralelamente reformas microeconómicas.

¿Nos lo puede detallar?

Me explicaré con un ejemplo concreto: vemos que no hay capital en Cuba y que, para no depender del todo del capital extranjero, se debe crear una base de capital inmediato. Vemos que el valor de las propiedades residenciales puede representar un capital de veinte o treinta mil millones de dólares. Nuestra propuesta es dar, a todos los cubanos, un título de propiedad claro e inequívoco. Un título sin gravamen, que deje claro que ningún otro cubano, sea del exilio o de donde sea, pueda reclamarlo. De esta manera, los cubanos podrían llevar este título a un banco hipotecario –que se puede crear con ayuda internacional– para hacer pequeños préstamos y para poder invertir en pequeñas empresas. De esta forma se consigue dinamizar la economía cubana y asimismo, crear una clase microcapitalista, que tendrá interés en que haya estabilidad en el proceso.

Invertir directamente en los cubanos. Y, oiga, ¿el primer grupo, el motivado por la política de la pasión, no querrá reclamar las propiedades confiscadas?

Nadie está por esa labor hoy en día. Lo que sí es evidente es que se tendrán que buscar compensaciones para todas esas personas.

¿Y qué papel jugará Carlos A. Saladrigas? Algunos ya lo ven como presidente de una Cuba democrática...

Se equivocan. Carlos A. Saladrigas se limitará a hacer lo mismo que ha hecho hasta ahora. Estoy convencido de que los líderes de la Cuba del futuro tienen que salir de dentro y los exiliados que, como les he comentado antes, ni siquiera conocemos la Cuba actual, sólo podemos ayudarlos. Hemos hablado abundantemente sobre los defectos del exilio, pero déjenme que les diga también una de nuestras virtudes: no habernos olvidado de Cuba.